Cérémonies Usitées Au Japo.. Pour Les Mariages Et Les Funérailles: Suivies De Détails Sur La Poudre Dosia, De La Préface D'un Livre De Confoutzée Sur La Piété Filiale...... - Primary Source Edition

Isaac Titsingh

CÉRÉMONIES

USITÉES

AU JAPON

POUR

LES MARIAGES ET LES FUNÉRAILLES.

IMPRIMERIE DE LE NORMANT, RUE DE SEINE, N° 8.

CÉRÉMONIES

USITÉES

AU JAPON

POUR

LES MARIAGES ET LES FUNÉRAILLES,

SUIVIES DE DÉTAILS

SUR LA POUDRE DOSIA,

DE LA PRÉFACE D'UN LIVRE DE CONFOUTZÉE SUR LA PIÉTÉ FILIALE,

LE TOUT TRADUIT DU JAPONAIS

[Isaac]

PAR FEU M. TITSINGH,

CHEF SUPÉRIEUR DE LA COMPAGNIE HOLLANDAISE À NANGASAKI,
ET AMBASSADEUR EN CHINE ;

DEUX VOLUMES IN-8°,

DONT UN CARTONNÉ OBLONG, RENFERMANT SEIZE PLANCHES D'APRÈS DES GRAVURES
OU DES DESSINS ORIGINAUX JAPONAIS.

AZ 10

A PARIS,

CHEZ A. NEPVEU, LIBRAIRE,

PASSAGE DES PANORAMAS.

MDCCCXIX.

Quérard

AVERTISSEMENT

SUR LA PUBLICATION DES MANUSCRITS

DE M. TITSINGH.

Me livrant spécialement à la publication de tout ce qui peut faire connoître les *mœurs, usages* et *costumes des peuples*, et ne négligeant aucune occasion d'entrer en relation avec les voyageurs instruits dont je puis tirer des notions sûres, et d'une authenticité irrécusable., je dus regarder comme une des époques les plus heureuses de ma vie celle où M. Titsingh me fit l'honneur de s'adresser à moi pour l'impression et la publication de ses nombreux manuscrits. Il voulut bien me confier d'abord sa traduction, commentée par lui, du Nipon-o-day jtje-ran, ou *annales abrégées des Daïris, souverains ecclésiastiques du Japon, et l'histoire des Ziogoens, princes séculiers, nommés empereurs par les Européens,* et, en effet, les *véritables souverains de cet empire.* Malgré la sécheresse et l'aridité des abrégés chronologiques, je lus celui des Daïris avec intérêt ; je le rendis à M. Titsingh, qui avoit encore des additions à y faire, et je me proposai d'en traiter avec lui. Une maladie sous laquelle M. Titsingh n'eût point succombé, s'il eût suivi les conseils de ses amis, et appelé un homme de l'art à son secours, vint mettre un terme à une honorable carrière, dont une partie fut consacrée à remplir les charges les plus élevées de son gouvernement, l'autre aux sciences, aux lettres, et à une correspondance suivie avec les personnages les plus instruits de l'Europe. Dans l'espérance d'acquérir quelques uns de ses précieux manuscrits, et des dessins originaux qu'il avoit réunis pendant quatorze ans de séjour au Japon, je me rendis à la vente qui eut lieu rue de la Paix, quelques mois après son décès, arrivé en mars 1812. Quels furent ma surprise et mon désappointement, de n'y voir adjuger que des meubles ordinaires, et quelques cadenas et objets de serrurerie chinoise, et rien de ce qui m'avoit attiré aux enchères. Six ans se sont passés sans espérance de revoir jamais les manuscrits précieux dont la publication devoit, suivant moi, faire époque dans la librairie française. Quelques indications que M. Langlès voulut bien me donner, me mirent, dans les premiers mois de 1818, sur la trace de l'intéressante Collection qui avoit, six années avant, si puissamment éveillé ma curiosité. Enfin, je devins acquéreur de la totalité des dessins, peintures et manuscrits japonais, hollandais, français et anglais de M. Titsingh, ainsi que de quelques objets de curiosité qui faisoient partie du même cabinet. On en trouvera, à la fin de cet avertissement, la notice détaillée. Déjà, en 1814, dans le vingt-quatrième volume des Annales des Voyages, on en avoit donné une assez étendue, pré-cédée des réflexions suivantes :

« La Collection formée par M. Titsingh offre les matériaux d'une nouvelle *Histoire politique, civile, géographique et naturelle du Japon.* Elle mérite l'attention de tous les gouvernemens jaloux d'accroître les con-noissances utiles ; elle doit particulièrement attirer celle des gouvernemens dont les in-térêts commerciaux et politiques pourroient rendre désirable la formation de relations plus suivies avec le Japon. Nous pensons que l'Angleterre, la Hollande et la Russie enlè-veroient volontiers cette Collection à notre France. Heureusement elle se trouve entre

a.

les mains d'un Français zélé pour la gloire nationale, et qui désire, avant tout, de voir ces précieux matériaux servir à un monument littéraire publié dans notre langue. »

Cette Collection étant maintenant ma propriété, je m'empresserai, malgré la dépense qu'entraînera la gravure d'un grand nombre de dessins nécessairement liés au texte, d'en faire paroître successivement les divers manuscrits.

Pour mettre le lecteur à portée de juger de l'importance de cette publication, nous croyons ne pouvoir mieux faire que d'insérer ici un extrait de la traduction française faite par M. Titsingh lui-même, d'une lettre qu'il adressa, au sujet de ses manuscrits, à sir William Marsden, en date du 10 octobre 1809.

« MONSIEUR,

» Recevez mes sincères remercîmens de » votre aimable souvenir. — M. Goldsmith » m'a fait part du contenu de la lettre que » vous lui avez adressée. C'est avec bien du » plaisir que j'y ai vu que les papiers que je » vous ai envoyés vous sont tous parvenus,

» et restent en dépôt chez vous, jusqu'à ce
» que la paix tant désirée décide de leur sort.

» Aujourd'hui je vous fais parvenir les trois
» premiers volumes du *Nipon-c-day-itje-ran*
» ou des Annales des Daïris du Japon. J'au-
» rois pu en faire autant du reste de l'ouvrage,
» ou des sept volumes qui le composent ;
» mais la nécessité de faire concorder entre
» elles les versions anglaise et française que
» je dois en publier simultanément s'est
» opposée à l'envoi de la totalité des sept vo-
» lumes, ce qui aura lieu sous peu de mois,
» lorsque j'aurai achevé la traduction fran-
» çaise.

» Le commencement des Annales des Daï-
» ris, comme celui des anciens peuples, et
» même des peuples modernes, paroît d'une
» grande aridité ; mais peu à peu la lecture en
» devient plus attachante, et l'envoi prochain
» vous en fera juger. Malgré les nuages épais
» qui couvrent l'origine des Japonais, un
» détail non interrompu des événemens re-
» marquables arrivés sous les différens Daïris
» depuis l'an 660 avant l'ère chrétienne, ré-
» pand une grande clarté sur les coutumes
» encore en usage au Japon, et prouve in-
» contestablement que les Japonais étoient

» déjà une nation civilisée et polie avant l'exis-
» tence des nations modernes, ou lors-
» qu'elles étoient encore sous le joug honteux
» de la plus profonde barbarie..........
» ....

  » Quoique je jouisse d'une parfaite santé,
» l'incertitude de la vie, et un désir ardent
» d'achever les traductions de tout ce que
» j'ai recueilli au Japon, font que je me livre
» au travail avec une application soutenue.

  » Je suis tenté de m'appliquer ce que
» dit Cicéron dans son discours sur la vieil-
» lesse, où il introduit Caton conversant
» avec Lælius et Scipion, et leur insinuant,
» en parlant du grand Fabius, comme moi,
» en pensant aux Japonais : *Quorum sermone*
» *ita tum cupidè fruebar, quasi divinarem id,*
» *quod evenire posset, me extincto, fore unde*
» *discerent neminem.*

  » Je n'ai point l'art de deviner, je ne puis
» par conséquent prédire ce qui arrivera dans
» un temps à venir ; mais de nos jours, c'est
» un fait, n'importe qu'on me trouve trop
» présomptueux de l'articuler moi-même, il
» n'y a en Europe que MOI qui puisse donner
» une description véridique et détaillée de
» l'histoire, des mœurs et des usages d'une

» nation qui y est à peine connue, et qui,
» cependant, mérite de l'être sous tant de
» rapports. »

Les matériaux nombreux amassés par
M. Titsingh, et dont on va bientôt prendre
connoissance, prouveront que ce laborieux
et savant ambassadeur n'étoit pas trop présomptueux. Nul voyageur, avant lui, sans en
excepter Kœmpfer, dont il vante néanmoins
l'exactitude, n'a eu autant de moyens d'acquérir de véritables connoissances sur l'empire
japonais. Voici ce qu'on lit dans le Voyage au
Bengale, publié à Paris en 1799, par feu
M. Charpentier Cossigny, qui se trouva à
Chinsurah au moment où M. Titsingh en
étoit gouverneur.

« M. Titsingh ajoute sans cesse à sa Collec-
» tion sur le Japon, par les soins d'un prince
» japonais, beau-père de l'Empereur régnant,
» passionné pour toute espèce d'instruction,
» avec lequel il est en correspondance ré-
» glée, et dont il reçoit tous les renseigne-
» mens nécessaires à ses projets.

» Les Anglais de Calcutta lui ont offert de
» ses manuscrits deux lacks de roupies (cinq
» cent mille francs); il les a refusés, et m'a
» dit qu'il destine ses ouvrages en présent à

» son frère qui est en Hollande. Ils seront
» publiés en hollandais. Il a pourtant adressé
» quelques uns des fragmens les plus inté-
» ressans à notre Académie des Sciences de
» Paris, qui les a reçus avec reconnoissance,
» et qui a offert à M. Titsingh de faire publier,
» sous son privilége, la traduction de ces
» morceaux; il s'y est refusé, parce qu'il a
» trouvé, m'a-t-il dit, la version très-incor-
» recte; mais, autant que j'en ai pu juger, le
» vrai motif de son refus, est le désir qu'au-
» cune publication, même partielle, ne pré-
» cède son édition de Hollande. »

Ce qui a dû singulièrement contribuer à
augmenter les connoissances que M. Titsingh a recueillies sur le Japon, pendant un
séjour de quatorze années, c'est la facilité
avec laquelle plusieurs Japonais très-instruits
parloient et écrivoient en hollandais. Le beau-
père de l'Empereur régnant, et plusieurs
autres seigneurs, y excelloient. M. Titsingh,
possédant à fond la connoissance de la langue japonaise, pouvoit ainsi s'assurer, par
une double épreuve, du sens de tout ce qu'on
lui disoit, de tout ce qu'on lui écrivoit. Les
personnes qui ont eu l'avantage de le connoître, et entre autres M. de Guignes, qui

l'accompagna dans son ambassade près de l'empereur Kien-long, rendent justice à la justesse de ses observations et à la candeur avec laquelle il les soumettoit lui-même à la critique des savans de diverses académies. C'est donc avec la plus entière confiance dans l'authenticité des ouvrages originaux, et dans la fidélité des diverses traductions qu'en a faites M. Titsingh, que je livre aujourd'hui au public une partie de ses intéressantes productions.

N.

NOTICE DES LIVRES ET DES MANUSCRITS *japonais, français, anglais et hollandais, ainsi que des Peintures, Gravures, Cartes, Rouleaux, Dessins et Monnaies du Japon, réunis par feu M. Titsingh.*

Copies en hollandais des Lettres adressées à diverses personnes, par M. Titsingh, de 1790 à 1797, datées de Batavia, de Canton, de Nangasaki, etc. Manuscrit petit in-fol., demi-reliure, dos et coins de maroquin rouge, de 204 pages d'une écriture très-serrée.

Quarante-six Lettres autographes adressées à M. Titsingh, par Sigé-Sénoski, Nagawa-Sjun-

nan, Koozack-Monsuro, Fesi-Bzinby, Mat-
sutsna, Nisi - Kijémon-Namoera - Montojsero,
Nisi-kitsrofe, Ima-Moera-Kinsabroo, Motoji-
Enosin, et autres interprètes ou fonctionnaires
publics japonais, et P. F. Chassé, Riccard, etc.,
datées de Batavia, de Désima, d'Jédo, de Nangasaki, etc. Manuscrit in-fol. broché sur bandes
de vélin.

Journal du Voyage de Canton à Pékin, manuscrit hollandais, de la main de M. Titsingh,
d'une écriture petite et serrée. Cahier petit
in-fol. de 58 pages.

*Exposé de la conduite administrative de M. Tit-
singh,* ou extraits de différentes lettres. Manuscrit hollandais, écrit à mi-marge sur 22 feuilles
tellière non rogné, formant 88 pages.

Trente-cinq Lettres autographes en français et en
hollandais, adressées à M. Titsingh, dont une
très-longue Lettre de M. de Guignes le père, et
la Réponse, quatre Lettres de M. le comte Vol-
ncy, auteur du Voyage en Egypte, les Lettres
de créance de M. Titsingh pour son ambassade
en Chine, celle en latin de lord Macartney, etc.

Considérations des Japonais sur la haute antiquité
prétendue des Chinois. Mémoire in-fol., manus.

Recherches sur l'Origine des Japonais, et Aperçu
de leur Histoire fabuleuse. Manuscrit, in-fol.

Chronologie régulière des Chinois et des Japonais,
depuis l'an 841 avant notre ère, jusqu'à l'an
1796. Manuscrit, in-fol.

Nipon-o-day-itje-ran, ou Annales abrégées des

Daïris du Japon, manuscrit de la main de M. Titsingh, traduit par lui du japonais, avec des notes et des commentaires. Sept cahiers petit in-fol., non rognés, de 450 pages, pouvant former trois forts vol. in-8°.

Le même ouvrage, en hollandais, un vol. in-fol.

Notes secrètes sur les Ziogoens de la dynastie actuelle, ou véritables souverains du Japon. Manuscrit de la main de M. Titsingh, de 156 pages petit in-fol., traduit des manuscrits secrets japonais ; suivi d'un *Précis du Cérémonial* pratiqué constamment à la cour du Ziogoen, dans le courant de l'année. Manuscrit de la main de M. Titsingh, de 49 pages petit in-fol. Le tout pouvant former un vol. in-8°. ; suivi d'un arbre généalogique des Ziogoens.

Le même ouvrage en hollandais.

Description des Cérémonies du Mariage, usitées au Japon, entre les fermiers, les artisans et les marchands, traduite du livre japonais intitulé : Kesi-Foukouro. Cahier petit in-fol., précédé d'une introduction. Manuscrit de la main de M. Titsingh, accompagné des gravures coloriées originales japonaises.

Le même ouvrage en japonais, deux cahiers in-8°. oblong, avec les gravures.

Le même ouvrage, traduit en anglais.

Le même ouvrage, traduit en hollandais.

Description des Cérémonies usitées au Japon, pour les Funérailles. Manuscrit de la main de

M. Titsingh , traduit du japonais , du livre intitulé : *Deux Cérémonies funèbres expliquées pour l'instruction de la Jeunesse.* Cahier petit in-fol., accompagné des deux rouleaux suivans , peints par des artistes japonais.

Cortége funèbre et tombeau du gouverneur de Nangasaki *Fout-jeja-no-cami ,* nommé , après sa mort , *Mitswoen - in - sjutakf - sisin - Daycosi ,* mort le 27 juin , et enterré le 16 juillet 1784 , près du temple Zuntoksi. *Rouleau* long de 17 pieds 6 pouces 7 lignes , haut de 9 pouces 6 lignes, offrant plus de cent trente personnages , dessinés et coloriés à l'aquarelle , dans une hauteur de 3 pouces $\frac{1}{7}$.

Cortége funèbre d'un employé de distinction , suivant la manière des quatre sectes de *Siaka.* *Rouleau* long de 13 pieds 6 pouces , haut de 9 pouces 6 lignes , offrant 105 personnages dessinés et coloriés à l'aquarelle , dans une hauteur de 3 pouces $\frac{1}{2}$, et les *norimons* des parens et des amis du défunt.

Cortége funèbre d'un empereur , gravé en bois, très-grossièrement, imprimé au Japon, avec les explications en japonais, également imprimées. *Rouleau* de 28 pieds de long sur 10 pouces 6 lignes de haut. Il y a des numéros de renvoi de la main de M. Titsingh , au-dessus de toutes les lignes du texte. Dans les deux rouleaux précédens , les numéros sont au-dessus des personnages. Quelques teintes de couleurs ont été mises au pinceau, sur certaines parties de costumes de quelques uns des personnages dont le nombre est de plus de trois cents.

Détail sur les Baleines qui existent dans les mers du Japon et d'Jesso. Manuscrit in-folio en hollandais, accompagné de douze feuilles de papier mince de 11 pouces de largeur et de 2 ou 3 pieds de longueur, sur chacune desquelles est représenté, à l'encre de Chine, un cétacé d'espèce différente.

Détail sur la Poudre Dosia et sur *Kobou-Daysi*, qui en fit la découverte, accompagné de la préface du livre *Kokjo*, sur la piété filiale, par *Confoutsée*. Cahier manuscrit de la main de M. Titsingh, de 26 pages petit in-folio.

Le même ouvrage en hollandais.

Almanach impérial du Japon. Quatre vol. in-12, petit format, imprimés en japonais. On y voit inscrits les noms et les titres de l'Empereur, de sa Famille, des autres Princes, leurs maisons, leurs domestiques, les juges, les gens, en place, etc. etc. : le tout imprimé très-nettement. Plusieurs détails sont accompagnés de gravures très-passables, dont partie sont les armoiries des maisons citées. A la suite des noms sont marqués les revenus, depuis la plus forte somme jusqu'à celle de dix mille cobangs inclusivement.

Différens Dialogues en japonais, en français, en anglais et en hollandais, avec la prononciation japonaise en regard. Cahier de la largeur d'un in-12 et de la longueur d'un in-folio.

De l'Acupuncture japonaise et du Moxa. Un cahier
très-grand in-folio, avec vingt dessins et un
mannequin colorié, sur lequel sont indiqués,
par des points, des lignes et des caractères,
les endroits où il convient de pratiquer effica-
cement, et sans danger, ces deux modes de
guérir. Ce mannequin est un présent du premier médecin de l'Empereur. Ce petit simulacre
humain, haut d'environ trente pouces, est fait
de carton, et peint d'un vernis couleur de
chair; les côtes, la colonne vertébrale, les
muscles et les principales saillies du corps y
sont très-prononcés. Les caractères ou numéros
dont il est chargé renvoient à un livre de détails, format in-16, en japonais, où sont des
gravures et des descriptions, dans lequel on
' trouve, au numéro indiqué, le nom de la partie, sa description, les maladies auxquelles
elle est sujette, la manière dont elle doit être
piquée dans le besoin, et le nombre de fois
qu'elle doit l'être ; enfin, les remèdes qu'il faut
y appliquer. Un étui en ébène, renfermant
différentes aiguilles, et de l'armoise préparée
pour le moxa, tiennent à cet article.

Trente-huit poissons et différens crustacées, peints
supérieurement, dont quelques uns inconnus
en Europe, et entr'autres la tortue à poils
bleus et verts, appelée minogame. *Rouleau sur
papier fort japonais argenté,* de 11 pouces de
hauteur et de 35 pieds ÷ de longueur. Au-dessus
de chaque poisson est le nom en hollandais.

Ce rouleau est monté sur un bâtonnet à bouts d'ivoire, et se recouvre d'une pièce de satin noir brodé en or et en soie verte.

Cent quarante coquillages différens, peints avec beaucoup de soin, les Japonais excellant, ainsi que les Chinois, à peindre la nature morte. *Rouleau sur même papier*, et des mêmes dimensions, également recouvert en satin noir brodé en or et en soie verte.

Perspective continuée de paysages le long d'une rivière, sur laquelle celui qui regarde est censé naviguer, la perspective offrant plusieurs dessous de ponts en bois. *Rouleau en satin puce, sur papier fort japonais*, de 9 pouces 2 lignes de hauteur, de 43 pieds 9 pouces de longueur, dont trois pieds de texte en chinois. Le nom écrit en hollandais est au-dessus de chaque ville ou bourg que l'on aperçoit en déroulant cette longue gravure coloriée. On y voit un feu d'artifice sur l'eau, tiré en face de *Famatsjo-saccai-zin-rino-daiboe*. Le revers de la gravure offre un papier satiné, semé de carrés de feuilles métalliques.

Perspective continuée de paysages, le long d'une rivière, qui occupe les deux tiers de la hauteur de cette longue gravure. *Rouleau en satin puce sur papier fort japonais*, de 9 pouces 2 lignes de hauteur, et de 26 pieds 11 pouces de longueur. On y voit une foule de barques, de batelets, de trains et d'embarcations de toute espèce. A un endroit appelé *Qwacht - hui-s liogoe-vasi*, on voit un pont couvert de plus de soixante habitans de tout âge, de toute profession, et de costumes différens. Au-dessus de chaque ville ou bourg est le nom en hollandais.

Perspective continuée de paysages peints sur satin. Rouleau de satin broché de couleur olive, de 10 pouces de hauteur et 55 pieds ½ de longueur.

Dame japonaise debout, les cheveux tombans. Rouleau de 6 pieds de longueur sur 1 pied 5 pouces de largeur. Cette peinture, encadrée d'étoffe de soie brochée d'or, est sur gaze très-fine, collée sur fort papier : elle est très-belle, et montée sur gorge et rouleau.

Pêcheurs japonais dans neuf barques, occupés à la pêche d'une baleine pour laquelle ils ont tendu un immense filet. *Rouleau de papier mince,* de 4 pieds 4 pouces de longueur, sur 10 pouces de largeur.

Une baleine qui a rompu le filet, et qui se débat sous les harpons dont l'ont assaillie une multitude de pêcheurs placés dans quatre barques. *Autre rouleau de même papier,* de 2 pieds ½ de longueur sur 10 pouces de largeur. Ces dessins coloriés sont faits avec soin. Voici ce que rapporte le P. Charlevoix sur ce genre de pêche : « Le plus utile de tous les pois- » sons est le kudsuri, ou la baleine : on en » pêche sur toutes les côtes du Japon, particuliè- » rement sur celle de Khumano, et de toute la » partie méridionale de la grande île de Niphon,

» autour des îles de Tsussima et de Gotto, sur
» les côtes d'Omuza et de Nomo. On les prend
» ordinairement avec le harpon, comme on fait
» au Groënland ; mais les bateaux des Japo-
» nais semblent plus propres pour cette pêche
» que les nôtres, parce qu'ils sont petits, étroits,
» qu'un des bouts se termine en une pointe
» très-aiguë, et qu'ils ont chacun dix hommes
» sur dix rames, ce qui les fait voguer avec une
» vitesse incroyable. Vers l'an 1680, un pê-
» cheur fort riche de la province d'Omuza,
» nommé Gitai-jo, inventa une nouvelle ma-
» nière de prendre les baleines avec des filets
» faits de cordes fortes, d'environ deux pouces
» d'épaisseur. Ce qui fut bientôt imité dans les
» îles de Gotto. On dit qu'aussitôt que la ba-
» leine a la tête embarrassée dans ce filet, elle
» ne nage plus qu'avec peine, et qu'on peut
» aisément la tuer avec le harpon ; mais cette
» manière de pêcher coûte trop cher pour les
» pêcheurs ordinaires. »

Rouleau en papier mince, de 4 pieds 5 pouces
de longueur sur 10 pouces 3 lignes de hauteur,
représentant une barque grossièrement cons-
truite, et sept *aïnos* à cheveux crêpus, peau
noire, couverts d'une sorte de gilet blanc sans
manches, qui ne descend pas au-dessous du
nombril, et d'une ceinture blanche autour des
reins ; les oreilles ornées d'os de poisson ; deux
ont une veste formée de feuilles.

Deux rouleaux en papier mince, dont un de

6 pieds 5 pouces de longueur sur 11 pouces 6 lignes de hauteur, et l'autre de 4 pieds 6 pouces de longueur et de la même hauteur, offrant les modèles gravés au trait des plus grandes barques qu'il soit permis aux Japonais de construire. Le nombre de planches, de pièces de charpente, et de tenons en cuivre y est précisé avec la plus grande exactitude; et tout constructeur qui ne s'y conformeroit pas exactement, et se permettroit d'y ajouter un seul tenon, ou excéderoit les dimensions d'un pied seulement, seroit condamné à mort lui et toute sa famille.

Neuf gravures imprimées en couleurs, sur autant de feuilles séparées, de 10 pouces de longueur sur 1 pied 2 pouces 9 lignes de hauteur, représentant des dames et demoiselles japonaises de costumes variés.

Trois autres gravures également imprimées en couleurs, et sur trois feuilles de la même dimension, représentant probablement des *aïnos*, dont un étouffe un ours, et dont un autre fait danser des singes couverts d'habillemens grotesques.

Quatre gravures imprimées en couleurs, sur papier japonais, dont une représente deux enfans s'amusant à la bascule; l'autre, un personnage ayant un long sabre recourbé, et couvert en partie d'un manteau où sont des armoiries; deux autres, des Chinois.

Un volume in-fol., de 1 pied 3 pouces de

hauteur, et de 10 pouces de largeur, couvert en satin bleu, s'ouvrant comme les feuilles d'un paravent, et offrant quinze gravures imprimées en couleurs, et qui représentent des dames japonaises, soit à la promenade, soit dans leur intérieur. On y voit aussi des serviteurs tenant des parasols au-dessus de la tête de leurs maîtresses.

Autre volume in-fol., de 1 pied 3 pouces de hauteur sur 10 pouces de largeur, couvert en satin bleu, et offrant quinze gravures imprimées en couleurs, et qui représentent des dames japonaises avec leurs filles, soit à la promenade, soit dans leur intérieur. Dans les quinze gravures de ce volume, on n'aperçoit aucun homme.

Un petit sac de papier blanc, contenant trente feuilles de papier japonais, ployées et scellées d'après les différentes manières usitées au Japon, pour les lettres, suivant le rang des personnes auxquelles elles sont adressées.

Deux volumes in-fol., couverts en soie bleue, de 1 pied 2 pouces 3 lignes de hauteur, sur 8 pouces ½ de largeur, offrant l'un, quarante-une, et l'autre trente-six plantes supérieurement peintes sur très-beau papier japonais, avec des explications japonaises en regard, renfermées dans un tao ou enveloppe en carton, couvert en satin broché et en satin bleu-de-roi, avec deux chevillettes en nacre. Voici ce qu'en dit M. Charpentier-Cossigny, dans

b.

son Voyage au Bengale : « C'est un présent que
» M. Titsingh a reçu de la femme du premier
» médecin de l'Empereur. Je doute qu'on puisse
» voir rien de plus parfait en ce genre ; tiges,
» fleurs, fruits, racines, tout y paroît la na-
» ture même : en regard de chaque plante, on
» voit plutôt dessiné qu'écrit, son nom et ses
» propriétés. Le tout est de la main de la dame
» japonaise qui a fait ce présent. »

Cinq cahiers couverts en soie puce, in-4°, de
11 pouces de hauteur et de 8 pouces de largeur,
sur papier mince du Japon, offrant deux cent
trente-quatre fleurs différentes, peintes avec
beaucoup de vérité, avec les noms en japonais
et en hollandais, et faisant connoître plusieurs
espèces nouvelles.

Un volume in-8°, relié au Japon, de 11 pouces
sur 7 pouces $\frac{1}{2}$, couvert en bleu, offrant cent
cinq gravures imprimées en couleurs, de personnages différens d'hommes et de femmes,
depuis l'Empereur jusqu'au dernier fonction-
naire public, précédés de sept pages d'explication en japonais ; et il y a en outre des explications japonaises au-dessus de chaque personnage. La variété des costumes militaires et civils
rend ce volume infiniment précieux.

Un volume in-8°., relié au Japon, de 10 pouces
4 lignes de hauteur, sur 7 pouces de largeur,
offrant sept gravures imprimées en couleurs,
représentant des dames dans leur intérieur;
suivi de vingt-huit pages de texte japonais.

Deux volumes japonais, de 9 pouces ⅓ de hauteur, sur 7 pouces de largeur.

Deux volumes grand in-8°., en japonais, sur les enterremens, couverts en bleu.

Un volume in-folio oblong, de 1 pied 6 pouces de largeur sur 1 pied 2 pouces de hauteur, demi-reliure, dos et coins de maroquin vert, contenant quinze gravures japonaises imprimées en couleurs. La première représente la rue des Maisons de Filles publiques, à Nangasaki; la seconde, un combat d'un souverain japonais qui protégea la licence des mœurs; et les autres, des hommes et des femmes dans des attitudes lascives.

Carte générale du JAPON, imprimée sur papier japonais, de 5 pieds 2 pouces de longueur sur 2 pieds 6 pouces de largeur, relevée de teintes jaunes pour indiquer les terres, et de teintes roses pour les différens édifices qui sont gravés à vue d'oiseau. Les explications en chinois sont gravées dans des cercles, des carrés ou des parallélogrammes plus ou moins grands suivant la grandeur des villes, des bourgs, des hameaux. Sur les côtés sont représentés des barques et des vaisseaux d'une construction singulière.

Plan du palais d'Jédo, lavé en couleur sur du papier de Hollande, par des Européens, de 1 pied 7 pouces de longueur sur 1 pied 3 pouces de largeur. Les explications sont en hollandais, et des numéros renvoient à une feuille d'explication également en hollandais.

Plan d'une petite ville, lavé en couleur sur fort papier de Hollande, de 1 pied 8 pouces de longueur sur 1 pied 4 pouces de largeur; avec des lettres de renvois à une feuille d'explication manuscrite.

Plan levé par un Hollandais, sur papier européen, de la partie intérieure du palais de l'empereur du Japon à Jédo, de 2 pieds 7 pouces ½ de longueur sur 8 pouces de largeur. Il y a un appendice de 4 pouces de longueur à une des extrémités.

Plan du port, de la rade et des îles voisines de Nangazaki, exécuté par des Européens, sur fort papier collé de Hollande, avec des explications en encre rouge, de 2 pieds 3 pouces de longueur et d'une pareille largeur.

Carte de Jédo, imprimée sur papier de 2 pieds 7 pouces 6 lignes de longueur sur 1 pied 10 pouces de hauteur, avec un appendice, sur un des côtés, de 10 pouces 6 lignes de longueur sur 5 pouces 9 lignes de hauteur; avec plus de quinze cents numéros de renvois écrits en encre rouge par M. Titsingh. Des teintes de jaune ou de gris indiquent les rues et les places publiques.

Carte de Nangazaki et des îles environnantes, tracée et coloriée sur papier jaune très-fin et pareil aux billets de banque, de 4 pieds 6 pouces de longueur sur 2 pieds de largeur. Les numéros de renvois pour les temples, édifices, sont écrits en rouge, ceux pour les rues le sont en noir; les noms des villes, des temples, des îlots sont écrits en hollandais, ainsi que les distances.

Cette carte, par l'exactitude minutieuse de tous les détails, nous paroît devoir être d'un grand prix aux yeux des géographes européens.

Carte de Nangazaki, imprimée sur papier de 2 pieds 8 pouces 3 lignes de hauteur sur 2 pieds 11 pouces de largeur. Des teintes grises indiquent les maisons, et une teinte bleuâtre la mer. Une chose digne de remarque, c'est que les numéros de renvois y sont imprimés en chiffres arabes à côté des chiffres japonais. Près de Désima, plusieurs vaisseaux hollandais sont stationnés; un seul est traîné à la remorque par seize barques japonaises.

Vue à vol d'oiseau de l'île Désima, peinte sur papier du pays, de 2 pieds 5 pouces 6 lignes de hauteur sur 2 pieds 2 pouces 6 lignes de largeur. Ce plan paroît avoir été fait antérieurement à la carte suivante. On y voit, à la vérité, comme dans celle-là, flotter le pavillon hollandais; mais les maisons n'y sont point aussi nombreuses : on n'y voit point de personnages.

Vue à vol d'oiseau de l'île Désima, imprimée en couleurs, de 1 pied 8 pouces 8 lignes de longueur sur 1 pied 3 pouces 3 lignes de largeur. On y représente des Hollandais, des Japonais dans les rues, à leur comptoir. On y voit le pont qui communique avec Nangazaki. A l'extrémité du côté de Désima est une maison où se tiennent les gardiens japonais. Une énorme porte à deux vantaux, garnie de fortes barres de fer, ne permet aux Hollandais l'entrée et la sortie de cette petite île, transformée en prison, que sous le bon plaisir du gouverneur de Nangazaki.

Autre très-belle carte de l'île Désima, vue à vol d'oiseau, peinte sur gaze, collée sur toile et montée sur gorge; rouleau de 3 pieds ½ de largeur sur 5 pieds de hauteur.

Carte d'Osaka, imprimée sur papier de 2 pieds 9 pouces de longueur sur 2 pieds 6 pouces 9 lignes de largeur. Une teinte verdâtre indique les canaux, et la rivière. Cinq cents et quelques numéros écrits en noir et quelques lettres en rouge, par M. Titsingh, renvoient à une explication manuscrite.

Carte de Méaco, imprimée sur papier de 3 pieds 8 pouces 8 lignes de longueur sur 2 pieds 8 pouces de largeur. Sept cent vingt-neuf numéros, écrits en rouge par M. Titsingh, renvoient à un cahier d'explications manuscrites. Une teinte jaune indique les rues. Des temples, des palais, des boutiques, sont représentés en élévation dans la ville et aux environs.

Carte de Mijako, imprimée sur papier de 2 pieds 1 pouce de longueur sur un pied 6 pouces 9 lignes de largeur. Des teintes jaunes indiquent les principales rues.

Carte coloriée manuscrite, sur papier mince, de 1 pied 6 pouces sur 1 pied 2 pouces, représen-

tant les *îles d'Jesso*, avec les noms en hollandais, et une grande quantité de numéros de
renvois.

Carte lavée en bleu de l'île d'Jesso, de 1 pied
2 pouces de long sur 11 pouces $\frac{1}{2}$ de largeur,
avec des explications hollandaises et japonaises.

Plan de l'île de Seringapatam, lavé en couleurs;
et vue coloriée de la même île. Deux feuilles de
papier européen, de 1 pied 4 pouces de long
sur 9 pouces $\frac{1}{2}$ de hauteur.

Volcan en éruption, peint sur papier très-mince,
de 3 pieds 3 pouces 6 lignes de longueur sur
2 pieds 1 pouce de hauteur.

Volcans en éruption, peints sur papier de 2 pieds
2 pouces de longueur sur 1 pied 8 pouces de
largeur. Des teintes rouges, jaunes et grises,
semblent indiquer un tremblement de terre
dans toute une île.

Une île peinte sur fort papier japonais, de 2 pieds
6 pouces de longueur sur 1 pied 8 pouces de
largeur, avec les noms en fine écriture hollandaise. Au milieu de cette feuille est un fort
papier de retombe, colorié des deux côtés, représentant une haute montagne volcanique,
dont la cime est en éruption.

Sommets de Montagnes volcaniques en éruption,
peints sur une feuille de papier de 1 pied
2 pouces 9 lignes sur 10 pouces 3 lignes, avec
des explications hollandaises, en papier de
retombe.

Montagne volcanique en éruption, peinture sur

gaze, collée sur fort papier japonais, de 3 pieds 3 pouces de longueur sur 2 pieds de largeur, encadrée d'une bordure de papier rouge, couverte en différens endroits de papier de retombe argenté, sur lesquels sont écrites des explications hollandaises. Beaucoup de numéros écrits en noir renvoient à une explication en langue hollandaise. Cette peinture est exécutée sur un fond sablé d'or.

Plusieurs Montagnes volcaniques, esquissées sur une feuille de papier de 1 pied 3 pouces sur 1 pied, avec des explications en hollandais.

Développement d'une éruption volcanique et d'un tremblement de terre, peinture sur papier mince, de 4 pieds 2 pouces 6 lignes de longueur, sur 11 pouces $\frac{1}{2}$ de largeur, avec des inscriptions hollandaises et japonaises.

Une petite Carte ployante, entre deux cartons couverts en papier vert, de 1 pied 1 pouce sur 11 pouces $\frac{1}{2}$, imprimée sur papier, et qui paroît être une carte réduite du Japon. Sur le titre se trouve les mots hollandais *Kiezjo-of-de-neege-Lannden*.

Tableaux des Temples de Nikko-ou-Jama, imprimés en papier japonais, avec 231 numéros en rouge, de la main de M. Titsingh, de 1 pied 4 pouces de longueur sur 1 pied de largeur. On y voit un très-grand temple en perspective cavalière.

Indicateur de Jé et de ses promenades, feuille mince, imprimée, de 9 pouces 6 lignes de hauteur sur 1 pied 4 pouces de longueur. Il y a 123 numéros de renvois en encre rouge.

Autre feuille, avec 17 numéros de renvois en encre noire, de 1 pied 2 pouces sur 10 pouces.

Représentation d'un Manglier, arbre extraordinaire, qui couvre quelquefois plusieurs arpens de terrain, et est fort commun dans l'Indoustan. Gravure en bois de 1 pied 4 pouces de longueur sur 10 pouces de hauteur.

Description de Rokausi, dans le pays de *Tiesen*, gravure en bois, sur papier japonais mince, de 1 pied 4 pouces de long sur 11 pouces ½ de largeur. On y voit des temples et des idoles colossales dans les montagnes, et des dévots qui vont les adorer.

Gravure en bois, de 1 pied 6 pouces de longueur sur 10 pouces 9 lignes de largeur, offrant, dans trente-sept compartimens, des personnages dont beaucoup sont monstrueux, des hommes velus, des hommes-ciseaux, coupant bras ou jambes à d'autres, et autres caricatures.

Feuille mince, de 1 pied 6 pouces de longueur sur 1 pied de largeur, offrant un plan avec des caractères japonais.

Gravure en bois, sur feuille mince, de 1 pied 3 pouces de longueur, et de 8 pouces 8 lignes de largeur, offrant le plan de quelque bourg ou petite ville.

Gravure en bois, sur feuille mince, de 1 pied 4 pouces sur 11 pouces ½, offrant le plan en petit de la Factorerie chinoise à Nangasaki.

Gravure en bois, sur feuille mince, de la même
dimension, plan en petit d'une grande ville.

Dessin au trait d'armoiries, sur une feuille mince
de 1 pied de longueur sur 7 pouces ½ de largeur.

Plan de la ville, du port et de la rade de MACAO,
levé en 1792, *par Manuel de Agote*, premier
facteur de la compagnie royale des Philippines,
dédié à don A. Malaspina, commandant en
chef de l'expédition autour du Monde, sur les
corvettes de S. M. C. *la Découverte et l'Atre-*
vida, de 2 pieds 9 pouces 4 lignes de longueur,
et de 2 pieds 3 pouces ½ de largeur. Les explications sont en portugais. Il est sur fort papier
collé de Hollande, et lavé à l'encre de Chine.

Plano del Rio per el qual se navega con embarca-
tiones minores, entre MACAO *y* CANTON,
levantado par *Manuel de Agote*, prime sobre-
carga della royal campania di Filipinas. Dedi-
cado à M. *de Guignes*. Lavé à l'encre de Chine.
1792. De 5 pieds de longueur sur 2 pieds ¼ de
largeur, sur fort papier collé de Hollande.

Plan de Formose et d'une partie des côtes de la
Chine, de 2 pieds 2 pouces ½ de longueur sur
1 pied 6 pouces, exécuté par des Européens : il
est sur fort papier du pays, et lavé à l'encre de
Chine.

Plan du Palais impérial et de la ville de Pékin,
exécuté dans la capitale, sur fort papier de Co-
rée, de 2 pieds 2 pouces 4 lignes de hauteur sur
2 pieds 3 pouces de longueur. Une partie des
édifices du palais, et les murs de la ville tartare

et de la ville chinoise, y sont représentés en élévation. Les noms y sont mis en hollandais ainsi que les explications marginales.

Plan à la cavalière ou à vol d'oiseau du palais impérial du Ziogoen, peint sur fort papier japonais, de 5 pieds de longueur sur 3 pieds $\frac{1}{2}$ de largeur.

(Il est impossible de voir un dessin qui fasse mieux juger de l'ensemble d'un palais.)

Pêcheur Coréen et sa Femme, peinture sur une feuille de papier mince de 1 pied 9 pouces de longueur sur 1 pied 2 pouces 6 lignes de largeur.

Autre Pêcheur Coréen, harponnant un veau marin, peinture sur papier de même dimension.

Gravure coloriée, faite au Japon, représentant un lac avec une chaussée, et un pont qui conduit à une grande habitation, située au milieu; de 2 pieds 1 pouce 6 lignes de longueur sur 9 pouces de largeur.

Petite Gravure coloriée, faite sur cuivre, offrant la vue de *Tolonomon*, de 5 pouces sur 4 pouces.

Ces deux essais de gravures, dans le genre européen, faits par des artistes japonais, pourront faire juger de leur aptitude à l'imitation.

Dessin colorié, représentant une espèce de Girafle, avec l'explication suivante en hollandais, et traduite en français :

« Le 6 de signats, les serviteurs du seigneur de Matsumai » sont arrivés apportant le papier ci-dessous :

» Auprès de l'île Jesso se trouvent encore beaucoup d'autres » îles découvertes en même temps, situées au nord, appelées » *Kara-fen-te-si-ma*. On y a découvert la nuit, au clair de la

» lune, dans les montagnes, deux animaux dont un a été tué
» d'un coup de pistolet, et se trouve être de l'espèce suivante :
   » De la tête aux pieds, 8 pieds. La longueur de son corps est
» de 5 pieds. Il a le poil très-doux. Il se nourrit d'herbes et de
» feuilles d'arbres. »

Carte de Voyage, haute de 6 pouces, longue de
   7 pieds, se déployant comme les feuilles d'un
   paravent.

Autre Carte de Voyage, des mêmes dimensions.
   Voici ce que rapporte le P. Charlevoix sur ces
   cartes :

Les hommes, non plus que les femmes, ne sortent jamais
sans avoir un éventail à la main ; et, dans les voyages, ils en
ont sur lesquels les routes sont marquées, aussi bien que les
bonnes hôtelleries, et le prix des vivres. Au défaut de ces
éventails, on se sert de petits livres qu'on trouve partout à
acheter de petits garçons dont le métier est de mendier sur
toutes les routes.

Deux Vues de Côtes, indiquées au crayon : Vue
   de Matsuma, du côté de l'est, à la distance
   d'un huitième de mille ; Vue de la Baie de
   Nangasaki, par un beau temps, à trois milles
   et demi de Hollande de distance.

Une Collection de près de deux mille médailles et
   monnaies japonaises et chinoises, en or, en
   argent, en cuivre et en fer, formée par feu
   M. Titsingh, avec des soins et des dépenses
   infinies. Elle offre pour plus de 1500 fr. de
   pièces des deux premiers métaux. On y trouve
   les rares pièces japonaises appelées *oobangs* et
   koobangs ; une suite des empereurs japonais et
   chinois, depuis les temps les plus reculés jusqu'à nos jours ; plusieurs médailles idolâtriques

employées par les Chinois dans leurs pagodes
ou oratoires domestiques, pour écarter les mauvais génies.

Nota. Une personne versée dans la connoissance de la langue
chinoise (M. Klaproth) a rangé ces médailles par ordre chro-
nologique, et en a commencé le catalogue descriptif. Une
Collection aussi précieuse n'existant dans aucun autre cabinet
que le nôtre, nous pensons qu'il suffit d'éveiller la curiosité
publique par cette note, pour qu'un gouvernement ami des
sciences en fasse l'acquisition, et mettent les savans de tous les
pays à portée de la consulter utilement pour la chronologie et
la numismatique.

Dans la longue nomenclature des cartes et des
plans de la Collection de M. Titsingh, on remar-
quéra principalement, 1°. *la grande carte des
trois îles du Japon*, qui donne deux fois plus de
noms qu'aucune carte connue en Europe, et qui
indique des gisemens de côtes différens. Les provinces y sont, ainsi que dans les nôtres, distinguées
par des couleurs variées, indiquées en bas de la
carte par des teintes correspondantes, qui, ainsi
que les lieux principaux, sont accompagnées de
numéros qui renvoient à un répertoire de description que M. Titsingh possède aussi. Les auteurs de cette carte sont Japonais. 2°. *Un plan de
la ville de Nangazaki et des environs*, tout-à-fait
tracé, lavé et enluminé, dans le goût des nôtres,
par un ingénieur de l'Empereur, qui en a fait
présent à M. Titsingh. Suivant ce plan, Nangazaki, située dans la première des trois îles, sur
la rivière du même nom, est une fort grande ville :
sa forme est irrégulière sur les bords du fleuve

dont elle occupe les pointes et les sinuosités ; du côté de la terre , elle est demi-circulaire. C'est en avant de cette ville que gît l'îlot sur lequel habitent les Hollandais , et qu'on peut appeler leur prison. 3°. Le dessin enluminé d'une montagne volcanique dont l'irruption assez récente a fait périr plus de trois cent mille âmes. Un château situé à mi-côte n'éprouva aucun accident.

———

Extrait de Charlevoix , sur la construction des Maisons des particuliers au Japon , et nécessaire à l'intelligence de la description des Mariages.

Les maisons des particuliers ne doivent pas avoir plus de six toises de hauteur, et il est rare qu'elles les aient, à moins qu'on n'en veuille faire des magasins. Les palais même des Empereurs n'ont qu'un étage , quoique quelques maisons particulières en aient deux ; mais alors le premier, qui au Japon est le rez-de-chaussée , est si bas, qu'on ne peut guère s'en servir que pour serrer les meubles nécessaires dans l'usage ordinaire. Ce sont les tremblemens de terre, si fréquens au Japon, qui obligent de bâtir ainsi : mais si ces maisons ne sont pas comparables aux nôtres pour la solidité ni pour l'élévation, elles ne leur sont inférieures ni pour la propreté ni pour la commodité. Presque toutes sont bâties en bois. Le rez-de-chaussée est élevé de quatre à cinq pieds, pour éviter l'hu-

midité : car il paroît qu'en ce pays on ne connoît point l'usage des caves ; et, comme les
maisons sont fort sujettes à être brûlées, il y a
dans chacune un endroit séparé et fermé de murailles de maçonnerie, où l'on a soin de tenir
tout ce que l'on a de plus précieux : les autres murailles sont faites de planches et couvertes de
grosses nattes qui sont jointes avec beaucoup
d'art.

Les maisons des personnes de condition sont
divisées en deux appartemens : d'un côté est celui
des femmes qui, pour l'ordinaire, ne paroissent
point ; de l'autre, est la salle où l'on reçoit les
visites. Les femmes ont plus de liberté parmi les
bourgeois et le petit peuple ; elles se laissent
voir : mais en général les personnes du sexe sont
traitées avec beaucoup de respect, et se dis-
tinguent par une grande retenue. Jusque dans
les plus petites choses, on a de grands égards pour
elles : on trouveroit fort mauvais qu'on y manquât, et il ne leur est pas permis de le souffrir.
Les plus belles vaisselles de porcelaine, ces cabi-
nets, ces coffres si estimés, qui se transportent
partout, ne servent point pour orner les appartemens où tout le monde est reçu : on les tient
dans les lieux sûrs dont j'ai parlé, et où l'on n'ad-
met que les meilleurs amis. Le reste de la maison
est orné de porcelaines communes, de pots pleins
de thé, de peintures, de livres manuscrits et curieux, d'armes et d'armoiries. Le plancher est

c

couvert de nattes doubles et bien rembourées,
dont les bordures sont des franges, des brode-
ries ou d'autres ornemens semblables. Selon les
lois ou l'usage du pays, elles doivent toutes avoir
une toise de longueur et une demi-toise de
largeur.

Les deux appartemens qui divisent le corps de
la maison, consistent en plusieurs chambres séparées par de simples cloisons, ou plutôt par des
espèces de paravents qu'on peut avancer ou recu
ler comme l'on veut; en sorte que les chambres
s'élargissent ou se rétrécissent selon le besoin (1).
Les portes des chambres et des cloisons sont couvertes de papier, même dans les maisons les plus
magnifiques : mais ce papier est orné de fleurs
d'or ou d'argent, quelquefois de peintures dont
le plafond est toujours embelli. En un mot, il
n'y a pas un coin dans la maison, qui n'offre
quelque chose de riant et de gracieux. Cette manière de disposer les appartemens, rend les maisons plus saines : premièrement, parce que tout est
bâti de bois de sapin et de cèdre ; en second lieu,
parce que les fenêtres sont ouvertes de telle façon,
qu'en changeant les cloisons de place, on y donne

_____

(1) L'inspection des gravures de la description des mariages
démontre que l'on emploie aussi les cloisons mobiles sur coulisses, qu'une cloison de séparation est composée de trois ou
quatre volets, glissans l'un devant l'autre sur des rainures pa-
rallèles ; et que ce mode de séparation permet de faire en un
instant une grande salle de plusieurs petites chambres.

un passage libre à l'air. Le toit qu'on couvre de
planches ou de bardeaux, est soutenu de grosses
poutres; et, quand la maison a deux étages, le
second est ordinairement bâti plus solidement
que le premier. On a reconnu par expérience que
l'édifice en résiste mieux aux tremblemens de
terre. Les dehors n'ont rien de fort gracieux par
rapport à la construction. Les murailles que j'ai
dit être de planches, et qui sont fort minces,
sont, en bien des endroits, enduites d'une terre
grasse qui se trouve auprès d'Osaça; et, au défaut de cette terre, qui est fort belle, on répand
sur tout le dehors de la maison, une couche de
vernis : les toits même en sont couverts. Ce vernis est relevé de dorures et de peintures. Les
fenêtres sont chargées de pots de fleurs, et il y
en a pour toutes les saisons, si l'on en croit Fran-
çois Caron; mais, quand les naturelles manquent,
on y supplée par des artificielles. Tout cela fait
un effet qui charme l'œil, s'il ne le contente pas
autant que feroit une belle architecture.

Le vernis n'est pas plus épargné dans les dedans. Les portes, les poteaux, une galerie qui
règne ordinairement sur tout le derrière des
maisons, et d'où l'on descend dans le jardin,
en sont induits, à moins que le bois n'en soit si
beau qu'on n'en veuille pas cacher les veines et
les nuances; car alors on se contente d'une couche
légère de vernis transparent. On ne trouve dans
les chambres, ni bancs, ni chaises, la coutume

étant au Japon, comme dans tout le reste de
l'Asie, de s'asseoir à terre; et, pour ne point
gâter les nattes qui couvrent le plancher et servent
de siéges, on n'y marche jamais avec les souliers,
ou, pour parler plus juste, avec les sandales qu'on
quitte en entrant dans la maison. On couche sur
ces mêmes nattes sur lesquelles les personnes
aisées étendent un riche tapis, et une machine de
bois sert d'appui. C'est une espèce de coffre presque
cubique, creux, et composé de six petits ais joints
ensemble fort proprement et vernissés; il a environ un empan de long et un peu moins de largeur.
La plupart des ustensiles de ménage sont d'un
bois mince, couvert d'un vernis épais tirant sur
le rouge foncé. Les fenêtres sont de papier et ont
des volets de bois en dedans et en dehors; mais
on ne les ferme qu'à la nuit, et ils ne paroissent
point pendant le jour; leur unique usage est
d'empêcher qu'on n'entre dans la maison, à la
faveur des ténèbres, ou par la cour ou par la
galerie.

Dans la salle où l'on reçoit le monde, il y a
toujours une grande armoire, vis-à-vis la porte,
et c'est contre cette armoire qu'on place les personnes dont on reçoit la visite. A côté de l'armoire, il y a un buffet sur lequel on met des
livres qui traitent de la religion, et ordinairement,
à côté de la porte, il y a une espèce de balcon
placé de telle manière que, sans se lever de place,
on peut avoir vue ou sur la campagne, ou sur la

rue ou sur le jardin. Comme on ignore au Japon l'usage des cheminées, on ménage dans les plus grandes chambres, sous le plancher, un trou carré et muré, qu'on remplit de cendres et de charbons allumés, ce qui répand assez de chaleur pour échauffer toute la chambre ; quelquefois on met sur le foyer une table basse, qu'on couvre d'un grand tapis, sur lequel on s'assied quand le froid est bien piquant, à peu près comme on fait en Perse sur ce qu'on appelle un *kartsii*. Dans les chambres où il ne peut y avoir de foyer, on y supplée par des pots de cuivre et de terre, qui font à peu près le même effet. Au lieu de pincettes, on se sert de barres de fer pour attiser le feu, ce qui se fait avec la même adresse dont on use de deux petits bâtons vernissés à la place de fourchettes pour manger.

Dans les maisons des personnes fort riches, et dans les grandes hôtelleries, on ne laisse pas de trouver des choses assez curieuses, qui servent ordinairement à amuser les voyageurs. Ce sont : 1°. Un grand papier bordé en manière de cadre, d'une broderie fort-propre et assez souvent fort riche : on y représente quelque divinité, ou quelque figure d'une personne éminente en vertu. 2°. De vieux Chinois en manière de grotesque, des oiseaux, des arbres, des paysages qui sont appliqués sur des paravents, et toujours d'une main de maître. 3°. Des pots de fleurs. 4°. Des cassolettes d'airain ou de cuivre, jetées en moule

dans la forme d'une grue, d'un lion, etc.
5°. Quelques pièces de bois rare, etc. 6°. Des
toilettes de réseau ou des étoffes à ramage. 7°. La
vaisselle, les porcelaines, etc.

Noté essentielle. — On a suivi l'orthographe de
M. Titsingh dans la manière d'écrire certains mots,
ainsi que l'avoit fait M. Malte-Brun dans ses Annales
des Voyages ; cependant, nous croyons devoir déférer
à l'avis des personnes qui nous ont invités à rectifier,
au moins dans une note, les deux plus marquans :

Ziogoen, lisez : Djogoun.
Nipon-o-day-itje-ran, lisez : Nipon-o-day-Tche-lan.

FIN DE LA NOTICE.

INTRODUCTION

DES MARIAGES.

CÉDANT aux instances des directeurs de la Société des Sciences établie à Batavia, j'ai fait les recherches les plus exactes sur les mariages des Japonais. Comme il seroit impossible d'en donner une juste idée par le simple récit qu'en peut faire un écrivain étranger, j'ai mieux aimé traduire l'un des ouvrages sur ce sujet, imprimé dans le pays même, et y ajouter, entre parenthèses, les éclaircissemens nécessaires. Cet ouvrage, qui entre dans les détails les plus minutieux, peut donner à penser que les Japonais noyent les affaires majeures dans un océan de frivolités; mais avant de s'arrêter à cette idée sévère

I

sur le compte d'un peuple, qui égale en politesse les nations les plus distinguées de l'Europe, on doit envisager sa situation présente, et prendre une légère teinture de son histoire.

A l'arrivée des Hollandais en 1609, il étoit permis aux Japonais de visiter les pays étrangers. Leurs vaisseaux, quoique construits à peu près sur le plan des jonques chinoises, bravoient hardiment les tempêtes. Leurs marchands étoient dispersés dans les principales contrées de l'Inde ; ils ne manquoient ni de marins experts, ni de traficans aventureux. Dans un pays où les gens du bas peuple ne peuvent subsister que par un travail assidu, des milliers de Japonais furent portés à tenter fortune hors de leur pays, moins encore cependant par l'appât du gain, que par l'assurance de pouvoir contenter leur curiosité, à l'aspect d'une infinité de choses entièrement inconnues.

Cet état de choses forma des marins intrépides et expérimentés, en même temps que des guerriers, rivalisant en bravoure avec ceux des nations les plus belliqueuses de l'Inde.

Les Japonais, habitués dès leur enfance à

entendre les récits des actions héroïques de leurs ancêtres, à recevoir à cet âge les premières instructions dans des livres qui en préconisent les hauts faits, et à sucer en quelque sorte, avec le lait, le filtre enivrant de la gloire, firent de l'art de la guerre leur étude favorite. Une pareille éducation a formé en tout temps des héros; elle inspira aux Japonais cette fierté de caractère signalée, par tous les écrivains qui parlent d'eux, comme le trait distinctif de la nation entière.

Sensibles à la plus légère injure, qui ne peut s'effacer que par le sang, ils sont portés à se conduire avec les plus grands égards dans leurs relations sociales. Chez eux, s'ôter la vie, lors d'une disgrâce ou d'une humiliation, est une pratique générale, qui prévient la honte d'être puni par d'autres, et donne au fils le droit de succéder à l'emploi de son père. De même que parmi nous les exercices du corps sont censés le complément d'une éducation soignée; chez eux, savoir *se couper le ventre* est d'une nécessité indispensable pour tous ceux qui, par leur naissance, ou par leur rang, aspirent à des dignités. Etre expert dans ce tour de main, qui demande un exercice de plusieurs années pour s'en acquitter

convenablement, est un point principal dans
l'éducation de la jeunesse. Aussi ont-ils constamment sous la main, et emportent-ils avec
eux en voyage les vêtemens particuliers, et tout
ce qui est nécessaire à une aussi cruelle opération. Dans un pays, où parfois toute une famille
est impliquée dans la malversation d'un seul
de ses membres, et où la vie de chaque individu dépend souvent d'un moment d'erreur,
cet attirail du suicide est de la dernière nécessité pour se soustraire à la honte plus redoutée
que la mort. Les détails des troubles permanens qu'offre leur histoire, et les récits des
premières conquêtes des Hollandais dans l'Inde,
fournissent les preuves les plus complètes du
courage des Japonais. La loi qui leur interdit
toute émigration, et qui ferme leur pays aux
étrangers, a pu enlever son aliment à leur intré-
pidité, mais ne l'a point éteinte; le moindre
événement critique peut réveiller leurs sentimens belliqueux, qui s'accroîtroient avec le
danger, et bientôt le citoyen deviendroit un
héros.

L'extirpation de la religion catholique ro-
maine, et l'expulsion des Espagnols et des
Portugais, causèrent au Japon des troubles
affreux pendant un certain nombre d'années.

La guerre acharnée que nous faisions à ces deux peuples, trop zélés propagateurs du christianisme, notre croyance différente de la leur, nous valurent, à l'exclusion de toutes les nations de l'Europe, la liberté de commercer chez eux. Les Japonais, ayant à redouter sans cesse des séditions occasionnées par les sourdes menées des *Catholiques Romains*, et le grand nombre de conversions qu'ils faisoient, virent enfin que, pour couper le mal dans sa racine, ils devoient s'adresser aux Hollandais, dont le pavillon étoit alors la terreur des mers de l'Inde.

L'arrestation hardie du gouverneur Nuyts à Fayoan, en 1630, dont on parlera dans la suite, leur fit bientôt concevoir que le point d'honneur pourroit les exposer, à tout moment, à venger leurs sujets des insultes qui leur seroient faites chez l'étranger ou sur les mers. Le décret du Ziogoen qui venoit de frapper du séquestre les armes des habitans de Sankan, blessa l'amour-propre des Japonais. Nombre de malfaiteurs, pour se soustraire au châtiment de leurs crimes, devinrent pirates, et infestèrent principalement les côtes de la Chine, dont le gouvernement porta souvent des plaintes à celui du Japon. Les neuf bâtimens japonais (1) trafiquant alors avec des licences du Ziogoen, devoient être munis de nos passe-ports et de nos pavillons pour le cas où ils rencontreroient, soit des corsaires chinois, soit nos vaisseaux, en course sur ceux des Espagnols de Manille et des Portugais de Macao. Le séjour des Japonais en pays étranger fit craindre à leur gouvernement de ne jamais venir à bout d'extirper radicalement le papisme. Ces diverses considérations déterminèrent le Ziogoen, la douzième année du nengo quanje (1631), à décréter la peine de mort contre tout Japonais qui quitteroit le pays; en même temps l'on prit les mesures les plus efficaces par rapport à la construction des vaisseaux. On en précisa tellement les dimensions, qu'il devint impossible de s'éloigner des côtes sans un danger certain.

Séparés de tous les peuples, entourés d'une mer redoutable par les ouragans vomis à l'improviste de son sein, et par cela même à l'abri

----

(1) Il y en avoit :

3, d'un marchand de Mijaco, nommé Fiaia ;

1, d'un marchand de Sakai, nommé Jioia ;

2, d'un marchand de Nangasaki, nommé Soujé-Tsougou.

1, d'un marchand de Nangasaki, nommé Founa-Moto ;

1, d'un marchand de Nangasaki, nommé Arakjé ;

1, d'un marchand de Nangasaki, nommé Stoja.

du séjour des flottes ennemies dans ces parages, toute l'attention des Japonais se tourna insensiblement vers leurs affaires intérieures. Peu à peu les égards pour les Hollandais diminuèrent. Le coup mortel à notre considération dans ce pays fut porté par la translation de notre établissement de Firando à Nangasaki en 1640, qui eut pour objets principaux, 1°. de soulager les habitans de cette ville impériale, qui, depuis l'expulsion des Espagnols et des Portugais, s'appauvrissoit de jour en jour; 2°. de nous rendre plus dépendans sous les yeux de leurs gouverneurs. L'intérêt de notre commerce nous fit supporter patiemment la destruction de nos magasins nouvellement construits, les fortes dépenses d'un déplacement devenu indispensable, notre emprisonnement dans l'île Désima, bâtie par les Portugais, et qu'avant ce temps, par dérision, nous nommions leur cachot. Les traitemens humilians qu'on nous y fit d'abord essuyer, suivant nos archives de ces temps, firent dire aux Japonais, qu'ils pouvoient en agir encore plus arbitrairement avec nous.

N'ayant aucune idée des gouvernemens d'Europe, ignorant que les empires les plus puissans n'y sont redevables de leur grandeur et d'un pouvoir stable, qu'à l'influence bénigne du commerce, les Japonais méprisent l'état de marchand. Ils regardent le fermier et l'artisan comme des membres plus utiles à la société : le peu d'égards que l'on continua encore à nous marquer, disparut à la fin tout-à-fait à la prise de l'île Formose, par Coxinga. Né à Firando, et faisant un grand commerce à Nangasaki, Coxinga sollicita de la cour d'Iédo des secours contre les Chinois. Miko-no-Ko-mon-Sama, bisaïeul du prince de Firando de mon temps, l'appuya de tout son crédit. Le Ziogoen rejeta sa demande, ne voulant pas se brouiller avec cet empire. Coxinga attaquant les Chinois à l'île Formose, tourna en même temps ses armes contre nous : quoiqu'on ne le favorisât pas ouvertement, nos archives attestent assez que la politique japonaise encourageoit ses hostilités, puisque le gouvernement ne donna aucune suite à nos plaintes, nous envisageant sans doute comme des voisins trop dangereux, et ne se croyant point en sûreté, aussi long-temps que l'empire seroit exposé aux attaques d'un peuple entreprenant. Les vexations qu'on nous fit éprouver depuis, portèrent souvent la compagnie à vouloir se retirer. Quelques-uns des Japonais, bien inten-

tionnés pour les Hollandais, nous donnèrent
même le conseil de les en menacer, et de
rétablir notre crédit par la reprise de Formose.
Le premier moyen fut tenté avec quelque
succès ; pour l'autre, les forces nous man-
quèrent.

Depuis l'extinction de la révolte à Arima
et Simabara en 1638, le repos de l'empire
ne fut plus troublé : ni l'attentat de Juino Ziosits
et de Marbasi Fiuia, en 1651, ni celui de
Jamagata Dayni, en 1767, que j'ai détaillés
dans les Annotations secrètes sur les Ziogoens,
n'y portèrent atteinte. Déjà, dès le commencement de la présente dynastie, on avoit fait
des réglemens aussi salutaires, que le bien de
l'Etat, le bonheur du peuple, et le maintien
de l'ordre au dedans de l'empire pouvoient
l'exiger : l'esprit actif des Japonais dut chercher de nouveaux objets, et peu à peu leur
attention se prêta à régler sur des bases fixes
tout ce qu'il y avoit à observer pour chacun,
suivant son état, et sa situation dans les différentes circonstances de la vie ; en sorte que,
depuis les personnes de la première, jusqu'à
celles de la dernière classe, l'on put se conduire conformément à des règles prescrites.
Ces réglemens très-minutieux furent impri-

més ; car la vie de l'homme eût à peine suffi sans cela pour être bien au fait de toutes les étiquettes.

L'art militaire étant, comme on l'a dit, parmi les Japonais, le métier le plus noble, les jeunes gens y sont portés dès leur bas âge, par une éducation analogue, et par la fête des Pavillons, qui a lieu le 5 du cinquième mois. Plus avancés en âge, ils s'appliquent à l'histoire de leur pays, et à étudier les devoirs à remplir dans les différens emplois, le fils y succédant à son père. L'étude de la langue chinoise, dans laquelle on parvient rarement à un haut degré de perfection, et dont les gens au-dessus du peuple, s'occupent à tout âge, leur procure un travail continuel. Leurs meilleurs ouvrages étant composés dans cette langue, c'est pour les personnes de distinction une honte de ne pas la savoir : les préceptes de *Confoutsé*, chéris de tous les savans, y sont de tous temps expliqués dans des écoles publiques. Depuis la plus haute antiquité, les Japonais révéroit les Chinois, comme leurs maîtres, et rendoit hommage à leurs connoissances supérieures. Ce fut chez eux que pendant plusieurs siècles ils allèrent s'instruire, et achever leur éducation. Depuis la clôture du pays, le seul moyen qui leur reste, est d'étudier leurs ouvrages, qu'ils recherchent avec la plus grande avidité, principalement depuis que le zèle des missionnaires, en leur faisant connoître les procédés de l'imprimerie, a offert une nouvelle carrière à leur amour pour l'étude.

Plusieurs de nos interprètes étoient très-versés dans l'histoire de la Chine et du Japon. Parmi eux Josio-Kosak, Namoura Motoisero, Naribajasi Ziubi, Naribasi Zenbi, Nisi-Kits-rofe, Foli-Monsuro, y excelloient ainsi que Matsmoura-Jasnosio, qui, à mon départ, devint précepteur du prince de Satsuma. Je cite leurs noms, en reconnoissance de leur gracieux appui dans mes recherches. Plusieurs personnes de qualité à Iédo, Mijako et Osaka s'appliquèrent de mon temps avec ardeur à apprendre ma langue, et à lire nos livres. Le prince de Satsumà, beau-père du Ziogoen d'à-présent, se servoit de notre écriture pour exprimer dans ses lettres ce qu'il desiroit dérober à la connoissance d'un tiers. Les progrès surprenans du prince de Tamba, de Katsragawa Hoznu, médecin du Ziogoen, de Nakawa-Siunnan, médecin du prince de Wakassa, et de plusieurs autres, les mirent à

portée de s'exprimer plus clairement, que
beaucoup de Portugais, à Batavia, nés et élevés
parmi nous. Si l'on réfléchit au peu de temps
de notre séjour à Iédo, on trouvera de pareils
progrès dignes de surprise et d'admiration.
L'occasion d'entretenir la correspondance
avec les Japonais nommés plus haut de Désima, et de leur renvoyer leurs réponses cor-
rigées, sans que les lettres fussent ouvertes au
gouvernement, faveur insigne du digne gouverneur Fangono-Kami-Sama, leur facilita les
moyens d'apprendre le hollandais.

Au chapitre V du premier volume de l'ouvrage du Père Charlevoix, mélange de bon
et de mauvais, et rempli de bévues, le caractère des Japonais, comparé à celui des
Chinois, est assez bien tracé : leur amour-
propre les pousse constamment à se sur-
passer l'un l'autre dans les exercices du
corps, comme dans ceux de l'esprit. Plus
ils font de progrès, plus s'accroît leur desir
de devenir témoins oculaires de tous les détails curieux dont la description frappe leur
imagination. Jetant les yeux sur les peuples
voisins, ils observent que l'admission d'autres
peuples n'a aucune influence funeste sur le
gouvernement de l'Etat, et qu'une pareille

admission des étrangers chez eux leur don-
neroit la faculté de s'appliquer à plusieurs
arts et sciences, dont ils n'ont que des idées
vagues. Ce fut là ce qui engagea le conseiller
d'Etat extraordinaire, Matsdaira - Tsou - no-
Kami, à proposer en 1769 la construction
de vaisseaux et de joncques, propres à faciliter
aux habitans les moyens de voir d'autres pays
et d'attirer en même temps les étrangers au
Japon. Ce projet si salutaire n'eut aucune suite
par la mort de ce conseiller.

Quoique plusieurs Japonais de la première
distinction , et parfaitement instruits des
affaires du gouvernement, envisagent encore le
Japon comme le premier pays du monde, et
se soucient peu de ce qui se passe au dehors,
ils ont parmi les hommes les plus éclairés, le
nom d'ignorans habiles, *Inooetzi-no-Kajerou*,
ou de *grenouilles dans un puits*, expression
symbolique qui signifie que, regardant en haut,
ils ne voyent du ciel, que ce que l'étroite cir-
conférence des bords du puits leur permet
d'apercévoir. Déja depuis long - temps l'on
fixoit les yeux sur Tonoma Jamassiro-no-Kami,
fils du conseiller d'Etat ordinaire Tonomo-no-
Kami, l'oncle du Ziogoen, jeune seigneur
d'un rare mérite, et d'un esprit entreprenant.

L'on se flatta que, succédant à son père, ce seroit lui, qui (pour me servir de leurs termes) élargiroit le chemin : après qu'il fut élu conseiller d'Etat extraordinaire, lui et son père s'attirèrent la haine des grands de la cour, en introduisant plusieurs innovations, blâmées par eux, comme contraires au salut de l'empire. Il fut assassiné le 13 de mai 1784, dans l'enceinte du palais, par Sanno-Sinsajemon. On verra les détails de cet assassinat dans mes Annales du Japon, sous le Ziogoen-Jésé-Faroe. Ce crime anéantit tout espoir de voir enfin le Japon ouvert aux étrangers, et ses habitans visitant les autres peuples. Cependant pour la réussite d'un pareil projet, il ne faudroit qu'un seul homme d'un esprit éclairé, et d'un caractère imposant; maintenant, qu'après de mûres réflexions sur tout le passé, l'on est convaincu, que les sourdes menées et les artifices des prêtres de Siaka furent la véritable cause de tous les troubles, qui, pendant nombre. d'années, ont si cruellement déchiré l'empire.

En 1782, il ne me vint point de vaisseaux de Batavia à cause de la guerre avec les Anglais; ce qui jeta une consternation générale tant à Nangazaki, qu'à Osaka et à Mijako, et me procura l'occasion de stipuler avec le gouvernement, pour un terme de quinze ans, une augmentation de prix considérable sur nos marchandises. Le gouverneur Tango-no-Kami, avec lequel j'eus, par le moyen d'un interprète de confiance, une liaison secrète, me fit proposer en 1783, d'amener de Batavia des charpentiers, pour instruire les Japonais dans la construction des vaisseaux et des moindres bâtimens, un grand nombre de barques, qui servoient pour le transport du cuivre d'Osaka à Nangazaki, ayant péri dans le trajet; ce qui causa des pertes énormes au gouvernement. Sachant l'impossibilité de lui complaire dans sa demande, par la raison, que parmi les ouvriers employés dans nos chantiers à l'île de Java, l'on n'en trouveroit pas d'assez instruits, et que les maîtres y étoient en trop petit nombre pour les enlever, même momentanément, aux travaux de notre marine, je fis proposer à Tango no-Kami de m'accorder, à mon départ du Japon, cent Japonais des plus intelligens pour être distribués dans nos chantiers, l'assurant, qu'on s'empresseroit de leur enseigner tout ce qu'il falloit pour les mettre en état à leur retour de remplir ses vues. La défense à tout habitant de quitter le pays, fut un obstacle insurmontable. A l'arri-

vée d'un vaisseau au mois d'août, je fis de
temps en temps manœuvrer les chaloupes
dans la baie, avec des marins Japonais à bord,
ce qui plut beaucoup au gouverneur; mais
cela ne remplissoit pas son objet. Je lui pro-
mis alors de faire construire, à mon arrivée à
Batavia, la carcasse d'un bâtiment, et de la
lui présenter à mon retour, avec les dimensions requises, et toutes les explications pos-
sibles; ce que je fis effectivement au mois
d'août de l'année suivante. La mort de Jama-
siro-no-Kami, assassiné, ainsi que je l'ai dit
plus haut, pour avoir voulu introduire plusieurs innovations dans le système du gouvernement, mort dont je fus instruit aussitôt mon
arrivée à Batavia, fit évanouir tous nos beaux
projets. Partant définitivement pour l'Europe
au mois de novembre de la même année,
j'ignore si depuis l'on a suivi mes instructions
à cet égard.

Un projet de l'importance de celui dont je
viens de parler, d'autres encore dont je ne
parle pas, et les affaires ordinaires de ma place
absorboient tous mes instans; aussi lorsque je
voulus m'occuper de décrire les mœurs et les
usages des Japonais si imparfaitement connus
en Europe, le temps me manqua pour faire

une exacte énumération de toutes les cérémonies qui accompagnent les mariages des personnes de qualité. J'ai pu seulement faire une
description de ce qui est d'usage parmi les
fermiers, les artisans et les marchands. En
comparant ce qui se pratique en Europe et
ailleurs entre les personnes de ces différentes
classes, on pourra juger à quel point les
Japonais poussent l'observation des conve-
nances et de la politesse.

DESCRIPTION

DES

CÉRÉMONIES EN USAGE

AU JAPON

POUR LES MARIAGES DES FERMIERS, DES ARTISANS, ET DES MARCHANDS.

—————

LES cérémonies des mariages varient infiniment entre les premières et les moindres classes ; on en donne des détails curieux dans plusieurs ouvrages japonais, particulièrement dans le *Jomé-tori-tiofo-ki*, où se trouve décrite exactement la manière de conduire la fiancée hors de la maison de ses parens. Cela se trouve aussi dans le *Kesi-foukouro*, ouvrage dont je donne ici la traduction avec les planches qui l'accompagnent, contenant tout ce qui est à observer aux mariages des fermiers, des artisans et des marchands ;

Les présens à porter à la demeure de la fiancée lorsque l'on fait les accords.

2.

Les cérémonies en usage depuis le commen-cement jusqu'à la conclusion du mariage ;

Les vêtemens et ce qui sert le plus en pareilles circonstances ;

Les meubles précieux ou ordinaires ;

La manière de contracter l'engagement par trois fois avec une seule jatte de terre rem-plie de zakki, et celle où l'on se sert de trois de ces jattes ;

Comment les proches parens de part et d'autres viennent ensemble, et lient le paren-tage en buvant du zakki ;

La façon d'orner le *tékaké*, *le fihiwatasi*, *et les sousous*, et d'arranger les places à s'asseoir pour les convives et le maître de la maison.

Tout ceci est démontré dans le *kési-foukoro* par plusieurs gravures en bois, dont la des-cription est partagée en chapitres sous des numéros, afin que tout ce qui a rapport, tant au mariage qu'à la valeur des présens, parmi les première, seconde et moindres classes, puisse être connu parfaitement de tout le monde; par exemple :

N° 1 contient la liste des présens, et la ma-nière dont on les met en ordre ;

    2, la façon de les arranger auparavant à la maison du père ;

3, ce qu'on a à observer par rapport au
    papier ;

4, ce qu'on doit y écrire ;

5, comment la congratulation se fait, la
    manière dont se font les félicitations,
    et l'ordre dans lequel on range les
    présens à la maison de la fiancée ;

6, la manière d'offrir la liste des pré-
    sens, etc.

Ces nombres montent jusqu'à cent quatre-
vingt-douze : pour abréger, l'on commencera
ainsi :

§ 1er On donne une description des présens,
et de ce qu'on doit observer par rapport à
leur valeur, ayant égard à l'état et aux moyens
de chaque individu. Ces présens consistent
en :

150 pièces d'argent de la valeur de quatre
    taëls, trois marcs, la pièce ;

5 rouleaux de pélongs blanc ;

5 rouleaux de gilams rouge ;

10 rouleaux simples, ou cinq doubles pièces,
    d'une étoffe rouge pour la doublure ;

15 paquets de ouatte de soie ;

5 touffes de nosi, ou sang-sues de roche,
    desséchées ;

3 glanes de chats-marins secs ;

5o pièces de la lentille marine ;

5o kommelmaas, ou deux à trois couples de canards sauvages ;

1 planche avec deux brêmes ;

2 cuvettes de zakki.

Chacun peut offrir à volonté les onze objets qui composent un tel présent, ou seulement neuf, sept ou trois; on en trouve le dessin de même que celui des plateaux sur lesquels ils sont offerts dans les planches 4, 6, 9 et 10. (*Voyez* l'atlas.)

§ 2. Le père du fiancé, après avoir disposé le présent à sa demeure, invite tous ses parens, hommes et femmes, ainsi que les médiateurs, et les régale de zakki et d'alimens.

§ 3. Pour faire la liste des invités on se sert du papier *Fosio*, ou du papier *Sougi-fara*, selon qu'elle est plus ou moins longue. Ce papier est plié en long par le milieu : on n'y écrit que d'un côté. Lorsque le présent est plus grand, et qu'une page ne suffit pas pour en faire la description, l'on prend le papier *Také-naga*. Il faut de l'encre épaisse pour cette liste, qui, sans cela, ne seroit pas acceptée.

§ 4. Le premier tableau du volume japonais représente comment cette liste est faite; savoir :

a. Mokrok, ou liste des présens.

b. En haut, monnoies d'argent ; *en bas*, 150 pièces.

c.	des pelongs blancs,	5 rouleaux.
d.	des gilams rouges,	5 rouleaux.
e.	étoffe rouge,	5 doubles pièces.
f.	de l'ouate de soie.	15 paquets.
g.	touffes de nosi,	5
h.	chat-marin,	3 glanes.
i.	de la lentille marine ;	50 pièces.
k.	des kommelmaas,	50 pièces.
l.	des brèmes,	2
m.	zakki,	2 cuvettes.

A côté, *n.* Izjo, ou la fin.

o. Niwa Kanjemon, nom du
père du fiancé.

p. la date.

q. Ima—i Siojemon, nom du
père de la fiancée.

§ 5. Les présens ayant été apportés à la maison de la fiancée, le messager les arrange dans l'ordre qu'ils ont sur la liste. Si l'endroit pour les disposer est trop petit, il ne faut pas pour cela les étaler indistinctement : chaque pièce doit être séparément, mais le plus près possible les unes des autres.

§ 6. L'on se sert d'ais ou plateaux à support chez la classe moyenne, mais d'ais sans support chez les gens du commun.

§ 7. Le messager se rendant à la demeure de la fiancée, doit être accompagné par le

médiateur. Le premier y fait ce compliment.

« Niwa Kanjémon est extrêmement flatté
» qu'Ima-i-Siojemon-Sama accorde sa fille
» à son fils. C'est pour cette raison qu'il
» envoie ce présent, comme une marque
» qu'il lui souhaite une santé durable. »

§ 8. A la demeure du père de la fiancée,
un domestique, mis décemment, ainsi que
le messager, doit être aux aguets pour recevoir le présent. Après l'avoir vérifié sur la
liste, il l'accepte avec politesse, et informe
le maître de la maison du présent et du
message.

§ 9. On conduit ensuite le messager et
le médiateur dans un appartement convenable.

§ 10. Le conducteur, ses gens et les porteurs, sont conduits par des personnes, dési-
gnées à cet effet, dans une autre chambre, qui,
après qu'ils y sont assis, les quittent pour
un moment. Pendant ce temps l'on donne à
chacune des personnes assises une tasse de
thé, et l'appareil à fumer.

§ 11. Si le messager est une personne de
quelque considération, on le régale de la
soupe *soni*, de *famagouris* (sorte de moules)

avec leur sauce, d'un *koemisiu* (boîte à friandises), et de plusieurs autres mets, le tout
servi dans de petites écuelles superbement
vernissées et à couvercles; si c'est un homme
ordinaire, on le régale seulement de la soupe
soni et de *solimono* (poisson coupé très-fin)
avec la sauce, dans des écuelles plus communes, quoique aussi à couvercles; on y
ajoute une boîte avec des andouillettes de
poisson, de l'araignée marine, et du *zakki*.

§ 12. Souvent le messager et le maître de
la maison diffèrent de rang : si le premier est
d'un rang supérieur, l'autre vient lui faire
un compliment; dans le cas contraire, il n'y
est pas tenu.

§ 13. Le récépissé rappelle dans tout son
contenu la liste des présens. Il finit ainsi :

« Le présent, marqué ci-dessus, a été dû-
» ment reçu par Ima-i Siojémon, qui souhaite
» aussi une santé durable à Niwa-Kanjé-
» mon. »

§ 14. Le récépissé étant jugé une pièce
d'importance, le nom du père y est marqué,
et on n'y mentionne pas le nom du messager.

§ 15. A l'expiration de trois jours, le messager, et ceux qui l'ont accompagné à la demeure de la fiancée, reçoivent un contre-

présent en proportion de ce qui a été offert ;
par exemple :

Le messager, 2 pièces d'argent, 1 rouleau d'étoffe pour un manteau de cérémonie, 10 mains du papier *sougi-fara ;*

Le conducteur, 2 stubs d'or, qui font un demi-koban, 5 mains du papier *sougi-fara ;*

Chaque domestique, 3 glanes de *sepikkes,* une main du papier *fansi.*

§ 16. Le lendemain du jour où le présent a été porté à la demeure de la fiancée, les médiateurs sont complimentés par les pères et mères des futurs.

§ 17. Les médiateurs sont tenus de s'informer de la part de la fiancée, des armes et de la longueur des robes du fiancé.

§ 18. On doit convenir des deux côtés du jour qui sera fixé pour le mariage.

§ 19. On prépare pour la fiancée, à sa demeure, les objets suivans :

Des robes longues, fourrées d'ouattes de soie, pour l'hiver ;

Un habit pour la cérémonie du mariage, à fond blanc brodé en or ou en argent ;

Un autre à fond rouge ;

Un autre à fond noir ;

Un autre à simple fond blanc ;

Un autre à simple fond jaune.

Les gens de qualité se servent d'étoffes pré-
cieuses, dont le fond nommé *aja*, est tissu
de carreaux de la même matière, croisés
doubles ⊞, nommés *saji-waifies*. Tel est le
costume indispensable dans les grandes fêtes.
Pour le deuil, on a aussi des étoffes à fond
aja, mais sans carreaux.

Quantité de robes d'été, tant doubles que
simples, et tous les autres effets de garde-
robe, comme ceintures, robes de bain,
chemises, robes de dessous, fines et grosses,
une indienne de lit avec des manches (robe
fourrée et épaisse), une natte à coucher, des
couvertures, des oreillers, des gants, des
tapis, des rideaux de lit, des coiffes (ordinairement d'une gaze de soie, que les jeunes femmes
mettent en sortant), une ceinture légère (elle
se met sous la ceinture large, et sert à trous-
ser les robes à longues queues), de simples
cordons (pour serrer la robe d'indienne qu'on
porte au lit), une coiffe de soie, une coiffe
fourrée de coton, des essuie-mains longs et
courts, un manteau, une couverture ou ma-
telas du *Norimon*, des gamaches de soie, et
un sac avec un mélange de son, de froment,
et d'herbes sèches à nettoyer le visage.

§ 20. Le santok, ou porte-lettres, doit
contenir un petit sac de cure-dents, quelques
tresses de *moto-iwi* (cordon mince, fait de
papier, à lier les cheveux), un petit miroir,
une petite boîte à médicamens et un petit paquet du meilleur kalambak.

§ 21. On prépare également plusieurs sortes
de papier, comme du *sikisi*, *tansac*, *nobé-
kami*, *sougi fara*, *fansi*, *fosio*, *mino-kami*,
tagé-naka et *maki-kami*, ou papier en rouleau,
à écrire des lettres.

§ 22. On arrange aussi plusieurs bagatelles,
comme :

Un kollo (espèce de harpe), un samsi
(espèce de guitare), une petite caisse à mettre
du papier, une écritoire, un petit coussin à
coudre, plusieurs sortes d'aiguilles, des poupées du Daïri, une boîte à peignes, un ais à
peignes, un miroir avec son plateau à support,
un mélange de fer et de noir pour noircir les
dents (signe distinctif des femmes mariées;
quelques unes les noircissent du moment
où elles sont fiancées, d'autres dès quelles
sont enceintes pour la première fois), des
pincettes à cheveux, des ciseaux, des ciseaux
pour les ongles, une petite caisse à lettres,
une caisse à rasoirs, plusieurs petites boîtes

en laque, en carton, en osier, des torchons,
un petit banc pour y appuyer les coudes lorsqu'on n'a rien à faire, une boîte à faire les
cheveux, de petites poupées, un chat de papier, un fer à repasser du linge, une grande
boîte d'osier (pour y mettre les tapis et divers
linges à l'usage des femmes), une cuve à
manches, une petite planche bien polie, un
petit sabre à fourreau blanc dans un petit
sac, et nommé *mamouri-gatana*, (les femmes
croient, en le portant sur elles, chasser tous
les esprits malins et toute vapeur infecte;
l'on attribue les mêmes effets aux sabres des
hommes), des cordons complimentaires (des
cordes minces, faites de papier, peintes de
différentes couleurs, et dorées ou argentées aux
deux bouts; on s'en sert pour lier les présens,
que l'on serre d'un nœud), du *nosi* (ou de la
sang-sue de roc séchée; on en attache un petit
morceau sur chaque présent en signe de félicitation), du fil de soie, une petite cuve à mettre
du lin, plusieurs bambous minces, garnis aux
bouts de petites pointes de cuivre jaune ou
rouge, pour étendre et sécher des étoffes de
soie après qu'elles sont lavées, des *kino-fari*
(espèce d'épingles pour étendre des étoffes de
soie sur les nattes), du fil, du tabac haché,

de grandes poupées, des éventails ronds, des éventails ordinaires, des écuelles à dîner avec leur soucoupe et les bâtonnets; le tout pareil à ce qui sert journellement à la fiancée.

§ 23. On y joint plusieurs ouvrages, comme :

Le *Fiak-nin-ietsu*; ou les cent poëmes, composés par différens auteurs.

Le *Ize Monogatari*, par *Ize*. suivante d'une des femmes du Daïri, exposant comment un certain *Nari Fira* avoit vécu en adultère avec *Nisio-no-Kisaki*, l'une des femmes du Daïri, ce qui, à sa honte ineffaçable, fut publié dans une multitude de livres.

Le *Tsouri-tsouri-gousa*, plusieurs contes, dont on a tiré des préceptes moraux, en huit volumes.

Le *Gensi Monogatari*, ou l'Histoire de *Gensi-no-Kimi*, parent d'un Daïri, contenant le détail de ses aventures dans plusieurs pays, ainsi que quelques poëmes, par *Mourasaki-Zikieb*, en 5o volumes.

Ou bien

Le *Koget-su*, autre explication du *Gensi-Monogatari*, composé dans la langue des savans, par *Kigin*.

Le *Hizu-itze-day-zu*, en 21 volumes, avec des

poëmes, composés sous quarante-trois
Daïris, depuis la 5ᵉ année du *Nengo-
Ingi* (905), la 8ᵉ année du règne du 60ᵉ
Daïri *Daygo-ten-o*, jusqu'à la 10ᵉ année
du *Nengo Jeykjo* (1438), la 10ᵉ année du
règne du 103ᵉ Daïri *Go Fannazono-no-in*.

Ou bien

Le *Ziu-san-day-zu*, 13 volumes, contenant
tous les poëmes composés sous les treize
Daïris, depuis la 2ᵉ année du *Nengo-
Fywa* (1223), jusqu'à la 10ᵉ année du
Nengo-Jeykyo (1438).

Le *Manjo-zu*, collection d'anciens poëmes,
depuis le règne du 10ᵉ Daïri *Suisin-ten-o*,
jusqu'au 60ᵉ Daygo-ten-o.

Le *Sagoromo* ou explication du *Gensi-Monogatari* en 16 volumes.

Le *Jeigwa Monogatari*, l'histoire d'un dissi-
pateur, d'où l'on a tiré des préceptes
moraux d'économie.

Ona-si-zio, ce qui veut dire quatre livres à
l'usage des femmes, savoir :

Le *Daygakf*, ou préceptes moraux de
Confoutsé.

Le *Rongo*, ses leçons à ses disciples.

Le *Mozi*, défense de ses écrits par
Mozi.

Le *Tyn-jo*, ou Traité de l'avantage qui
résulte, en observant un juste milieu en
toutes choses par *Zizi*, petit-fils de *Confoutsé* : ces ouvrages publiés dans la langue
savante *Gago*, avec le *kata-kana*, ou la
lettre des femmes, ont été réimprimés
pour elles.

Le *Kaï-awasi-o-goura-waka-sougo-rok*, ou
description d'un certain jouet des femmes:
ce sont deux boîtes hautes, remplies de
coquilles de *famagouris*, dorées en dedans, et peintes de figures d'hommes,
d'animaux, de fleurs, de plantes, etc.
Dans ce livre on trouve, à côté de chaque
coquille, un petit poëme qui a rapport à
son contenu. Voyez le dessin de ces boîtes,
planche troisième, lettre C.C.

Le *Seï-Sionagon-tji-je-ita*, les devoirs d'une
femme, dans l'état du mariage, par *Seï-
sionagon*, servante d'une des femmes d'un
Daïri.

Et enfin :

Le *Konrei-kesi-foukouro*, ou l'ouvrage dont
voici la traduction : *Konrei* signifie proprement le mariage; *kesi*, la semence du
pavot; *foekoero*, un sac : ces trois mots
réunis veulent dire que les moindres cir-

constances qui ont rapport aux mariages de fermiers, d'artisans et de marchands, comparées à celles qu'on doit observer aux mariages des personnes de qualité, sont décrites dans cet ouvrage avec la plus grande exactitude.

§ 24. A la demeure de la fiancée, on dispose aussi beaucoup de choses pour recevoir les parens, comme des tasses à thé, des cabarets, des boîtes pour les alimens, des cruches et des plateaux à zakki, des boîtes de friandises, des boîtes pour s'appuyer, des plats pour des sucreries, un *saké-zin* (il contient deux cruches à zakki et plusieurs plats et assiettes pour un repas, qui s'enferment exactement l'un dans l'autre; on se sert d'un tel *saké-zin*, enfermé dans une plus grande caisse, lorsqu'on fait une partie de plaisir, pour prévenir tout embarras), une marmite, un *tabacco-bon* (l'attirail pour fumer), un *sougo-rokban*, (espèce de damier), de petites pincettes, une petite rame pour y pendre des essuie-mains, plusieurs instrumens pour brûler du kalambak, une petite caisse avec ce qu'il faut pour fumer (celle-ci sert dans le ménage, l'autre à des fêtes), des pipes, un pupitre pour appuyer le

3

livre pendant qu'on s'occupe à lire, une table
plate à quatre pieds.

§ 25. On prépare encore des meubles gros-
siers, comme :

Une lanterne, une petite cuve à laver les
mains, une petite cuvette de bois vernissé,
avec couvercle et manche, pour verser de
l'eau, un chapeau, un parasol, un *norimon*,
avec un surtout de papier huilé, contre la
pluie, deux sortes de mules, l'une, avec du
cuir en dessous, l'autre, sans cuir, des
sandales de bois montées sur des patins, et
une boîte pour les mules.

§ 26. On prépare enfin plusieurs autres
meubles, comme :

Un *misousi* ou table à se coiffer (*voyez
planche* 9, *lettre* A), un *koero-dana*, (*voyez
même planche*, *lettre* B, où l'on donne la description de ces deux meubles), deux boîtes avec
des coquilles peintes (on en a parlé au §. 190,
sous le n° 23; le dessin se trouve *planche troisième*, *lettres* CC, n° 2), un paravent, des boîtes
pour les alimens, un *tans* ou tiroir ordinaire,
un panier carré d'osier, une grande caisse, une
rame pour suspendre les vêtemens, une caisse
pour serrer des ceintures, deux *fasami-fako*

(petits porte-manteaux), une boîte pour des pâtisseries, et plusieurs autres bagatelles.

§ 27. Le lendemain du mariage, la fiancée recevant un présent de chaque personne qui vient la voir dans son appartement, a soin de se procurer d'avance divers objets qu'elle donne en retour. S'il lui en manquoit quelques-uns, elle seroit obligée d'avoir recours à son mari, ce qui seroit une honte pour elle et pour ses femmes, n'étant encore qu'étrangère dans cette maison.

Pour ne pas être exposé à un pareil inconvénient, on prépare les paquets ci-après, avec des monnoies d'or, d'argent et de cuivre. Le contre-présent doit toujours être en proportion du présent offert.

50 paquets renfermant chacun un *stsib* d'argent, ou *mamesta*, de la valeur de. . . . . **2 maas.**

100 paquets de la valeur de. **3**

80 paquets de la valeur de. . . . . 4 *maas*, 3 *kondorins*.

50 paquets de la valeur de. . 2 *taëls*, 1 *maas*, 5 *kondorins*.

30 *stsib* d'or de la valeur d'un *taël*, 5 *maas* ou quart de *koban*.

20 paquets, dans chacun 2 *stsib* d'or, qui font. . . 3 *taëls*.

10 paquets, dans chacun 3 *stsib* d'or, qui font 4 *taëls* 5 *maas*.

5 paquets, dans chaque 5 *stsib* d'or . . . . 7 *taëls* 5 *maas*.

Une quantité de paquets, chacun de deux petites glanes de *Zeni* ou *Sepikes*.

3.

Une quantité d'autres paquets chacun d'une petite glane.

Il faut une grande quantité des deux dernières sortes.

On colle sur chaque paquet une petite pièce de *nosi*. Les différens paquets sont gardés dans des boîtes différentes.

On a aussi soin de tenir prêtes 5o mains du papier *sougi - fara* et *fansi*, dont on réunit 10, 5 ou 3 mains à chaque contre-présent, en proportion de sa valeur (cette provision de papier paroît peu considérable en comparaison des paquets; mais chacun de ceux qui viennent rendre visite, ajoute à son présent quelques mains de ce papier, dont on se sert pour les contre - présens); sur ces mains de papier une petite pièce de *nosi* est collée de même que sur les paquets; on les lie aussi d'une touffe de cordons complimentaires. (*Voy. planche sixième et planche dixième*, *fig.* 1, 2, 3 et 4.)

A l'entrée de l'appartement de la fiancée est assise une femme qui, pour prévenir les méprises, tient note, sur un petit souvenir, de tous les présens et contre-présens.

§ 28. Ensuite on prépare quelques *naga-mouts* ou malles, et quelques *tans* ou tiroirs, dont chacun est enveloppé d'un sac de toile ; on a soin que ces sacs soient prêts avant que le jour du mariage soit fixé. Les sacs sont ordinairement d'un bleu obscur ou d'une couleur verte , peints des armes de la fiancée , et fermés de quelques touffes de *nosi* ou de quelques plantes rampantes.

§ 29. La toile la plus large est la meilleure pour ces sacs ; elle est ordinairement de la largeur de huit à dix pouces , la longueur est de 22 pieds 8 pouces pour les *tans* , et de 41 pieds pour les *naga-mouts* , de la mesure *kousira-siak*. (Chez les Japonais il y a deux sortes d'aunes ou mesures de longueur, le *kousira* et le *kani-siak*. On se sert de la première pour tout ce qui est travaillé au métier ; l'autre est pour les arpenteurs et charpentiers. 52 pouces de la première mesure équivalent à 65 pouces de la seconde.)

Il seroit superflu de dire comment il faut coudre les lés.

§ 30. Chacun des articles dont on a parlé depuis le § 19 étant préparé à la demeure de la fiancée , on envoie une invitation au médiateur et à sa femme , qui , en témoignage de congratulation , sont régalés de *zakki* et de *soeimono* (plusieurs sortes de soupe dans des écuelles à couvercles).

§ 31. On choisit dans le calendrier un jour noté comme heureux, pour transporter le tout à la maison du fiancé. Le catalogue en est écrit sur une feuille de papier pliée en long; on écrit seulement sur la partie d'en haut. Ce catalogue est offert sur un plateau. La liste suivante, écrite sur toute la page, est au contraire offerte sans plateau.

§ 32. Le tableau que j'ai marqué de la lettre *B*, dans l'original japonais, représente la manière de l'écrire.

a. La liste de ce qu'il faut dans le ménage.

Ensuite chaque pièce est nommée séparément.

b. Isio, ou la fin.

Les pères n'y sont point nommés.

§ 33. Cela se fait seulement dans la quittance rédigée simplement:

a. Quittance de, etc.

Ensuite l'on marque chaque pièce qu'on a reçue.

b. Isio, ou la fin.

c. Ce qui a été nommé ci-dessus a été reçu et délivré spécialement par nous.

d. La date.

e. Le serviteur de *Niwa Kanjemon.*

Sitsijemon.

f. Le serviteur d'*Ima-i Siojemon*, keufé-
dono.

g. Le cachet de *Sitsijemon.*

§ 34. Le médiateur se rend auparavant à la demeure du fiancé pour recevoir ce qu'on doit y envoyer. Nombre de domestiques y sont aux aguets; quelques uns pour attendre à la porte et pour l'ouvrir à l'arrivée de ces objets; d'autres, pour conduire les porteurs à côté, afin de ne pas obstruer l'entrée, et pour prévenir tout embarras.

On conduit le messager, le surveillant et le médiateur, dans une chambre à part, où une personne leur sert des rafraîchissemens. Les gens moins importans sont conduits dans une autre chambre, où quelqu'un reste avec eux, et les régale.

On offre premièrement à chacun d'eux, une tasse de thé, et puis du tabac; on présente au messager, au surveillant et au médiateur les soupes *soni* et *soeimono*, des *famagouris*, dans leur sauce, une caisse de friandises, de l'araignée marine, des andouillettes de poisson, et d'autres sortes de mets; le tout préparé d'avance, ainsi que du *zakki.*

Si le médiateur est d'un moindre rang que le messager et le surveillant, il reste avec eux pendant tout le temps, sinon il les quitte.

On leur apporte un plateau avec trois jattes de *zakki*, dont celle d'en bas est toujours la plus grande.

Comme il se pourroit que la soupe *soni*, préparée à la hâte pour les domestiques, ne fût pas cuite à propos, et qu'elle manquât de goût, et qu'à cause de la grande quantité de mets on ne pourroit pas la préparer avec propreté, on leur donne une autre soupe; si on ne leur donne pas de soupe, trois ou cinq gâteaux, en proportion de la grandeur, sont servis à chacun d'eux, enveloppés dans le papier, *sougi-fara* ou *fansi*, liés d'un cordon complimentaire; sur chaque paquet sont deux *gomames secs* (espèce de sardine).

On leur donne ces paquets, ainsi que la soupe *soeimono* (préparation de *famagouris*) et du *zakki*, ce qui ne se fait pas s'ils ont la soupe *soni*; c'est pourquoi ils préfèrent les paquets.

§ 36. Les porteurs sont récompensés suivant la valeur des objets; chacun d'eux reçoit trois petites glanes de *sepickes*, ou davantage, suivant l'état du père du fiancé.

§ 87. Les fiancailles et les noces se font le même jour. Jamais on n'appelle un prêtre pour les cérémonies du mariage.

Au jour fixé, une des servantes de la seconde classe reconnue comme la plus intelligente, se rend à la demeure de la fiancée, pour la prendre. (Il y a trois classes de servantes : la première fait les vêtemens de la femme, la coiffe, et tient son appartement en ordre; la seconde la sert à ses repas, l'accompagne en sortant, et vaque à d'autres emplois domestiques; la troisième fait la cuisine et divers travaux du ménage.)

§ 38. A la demeure de la fiancée, on la régale de quelques mets. Une femme lui tient compagnie.

§ 39. Le père de la fiancée invite tous ses parens, et leur fait servir un repas, en signe de félicitation, avant que sa fille soit conduite à la demeure du fiancé.

§ 40. Quelques femmes de la seconde classe y attendent l'arrivée de la fiancée.

§ 41. Le *zakki* est servi par deux jeunes filles; on nomme l'une papillon mâle, l'autre papillon femelle. (Ces noms sont relatifs à leurs *sousous* ou cruches à *zakki*, dont chacune est ornée d'un papillon de papier; c'est

un emblême qui veut dire que les papillons,
volant toujours deux à deux, le mari et la
femme doivent de même être toujours ensemble. (*Voyez le dessin de ces vases à la
planche quatrième, lettre* A, *sous le n°* 179.)

Avant que le papillon mâle commence à
verser, l'autre verse un peu de *zakki* de sa
cruche dans la sienne.

La manière de verser le *zakki* est soumise à
des règles particulières, qu'on expliquera plus
loin.

§ 42. Le *Tékaké*, le *Fikiwatasi*, et les
Sousous, doivent être prêts, ainsi qu'une
femme, pour les présenter.

On dira, dans la suite, comment on doit les
décorer, et ce qu'on doit observer en les présentant; la description s'en trouve aux para-
graphes 177, 178 et 179.

§ 43. Le Simaday et l'Osiday doivent être
prêts de même. (*Voyez planche douzième,
lettres* A et B.)

§ 44. Les caisses avec les friandises sont
aussi en ordre. Il y en a de trois sortes:

Une, avec du chat marin séché, plié double,
      puis roulé, et ensuite coupé très fin;

Une, avec du frai de poisson séché;

Une, avec du *kobo*, ou queue de bœuf, espèce de carotte noire.

Des gens de qualité se servent d'autres caisses, qui demandent plus de cérémonial.

§ 45. A la demeure du fiancé, on prépare une infinité d'objets dont on a besoin aux noces; savoir:

Des tasses à thé, des cabarets, des attirails à fumer, des écuelles et des plats pour le repas, des assiettes de porcelaine, de grands et petits plats, des soucoupes, de petites tasses, des écuelles pour la soupe *soeimono*, deux sortes de chandeliers, des longs et des courts; des lampions, de grandes et petites lanternes (on allume les premières dans la maison, les autres servent à la main), des chandelles, des pots à feu, des cruches à *zakki*, de petits bâtonnets dont on se sert en mangeant, différentes jattes à *zakki*, comme des simples et d'autres pour trois, cinq et neuf portions; toutes sortes de beaux meubles pour le *toko*, et pour décorer l'appartement; tout ce qu'il faut pour faire du thé, et quantité d'autres articles de trop peu d'importance pour être cités.

§ 46. On fait une liste des mets, et de la manière de les apprêter.

§ 47. Les *norimons*, ou chaises à porteurs,

sont arrangés à la demeure de la fiancée, de cette façon :

1°. Le *norimon* de la femme du médiateur ;

2°. Celui de la fiancée, et en dedans, son *mamori*, *et son mamon gatana*. Voyez §. 22.

3°. Celui de la mère de la fiancée ;

4°. Ensuite celui de son père.

Le médiateur les devance à la demeure du fiancé.

(Chaque Japonais a sur soi un *mamori* ; les uns l'ont dans le *santok*, ou portefeuille ; d'autres le suspendent au cou par un petit cordon, comme les enfans et les voyageurs ; c'est proprement un petit sac carré, ou bien oblong, contenant un dessin, ou une image de quelque divinité, comme *Kompra*, *Akifa*, *Atago*, *Fikozan*, *Bouzenbo*, *Souwa*, *Tensin*, ou autres. Il y a de ces images en or ou en argent, d'autres en cuivre, en fer, en bois ou en pierre ; elles servent à garantir de toute calamité quiconque nourrit dans son cœur un respect sincère pour un de ces dieux.)

Lorsqu'on quitte la maison, dans les *norimons*, il faut faire un feu à la porte ou à l'entrée.

(On trouve dans l'ouvrage *Sinday-no-Makei*, que *Fensio Daysin*, ou *Daysingou*, déesse, symbole du soleil, et l'une des *Tji-sin-go-day*, ou cinq divinités terrestres, étant constamment brouillée avec son frère, le dieu de la lune, *Sasan-no-Ono-Mikotto*, s'étoit enfuie à la caverne *Ama-no-t-Wato* dans la province *Fiuga*, et en avoit bouché l'entrée d'une grande pierre, sans s'inquiéter du pays, qui, par là, fut couvert de profondes ténèbres. Son serviteur *Fatjikara-O-no-Mikotto* vint souvent lui parler, sans pouvoir se faire écouter. S'étant un jour réuni à plusieurs de ses compagnons, devant la caverne, il alluma un grand feu autour duquel il dansa avec eux au son de plusieurs instrumens. *Daysingou*, désirant savoir ce qui pouvoit les porter à une gaieté si inattendue, poussa, par curiosité, la pierre un peu en dehors : *Fatji-kara-o-no-Mikotto*, qui s'y attendoit, porta aussitôt la main dans l'ouverture, et empoignant la pierre des deux mains, la jeta d'une telle force en l'air, qu'elle tomba sur la montagne *Fogakousi* dans la province *Sinano*. En mémoire de ce miracle, un temple y fut bâti; on l'appelle *Fagakousi-no-Miozin*. Près de là étoit aussi une caverne dans laquelle elle se retira depuis, en bouchant l'entrée d'une pierre; on prétend qu'elle y vit même encore. Les prêtres apportent chaque jour, devant l'entrée, des offrandes composées d'alimens purs, comme des poires et du riz cru, bien lavé; mais comme quiconque la verroit deviendroit aveugle; ils tiennent les offrandes sur le dos, et rétrogradant, approchent ainsi de la caverne, les mettent à terre, et s'enfuient à toutes jambes, sans regarder en arrière; ils assurent qu'ils entendent souvent mâcher les poires. Ceux qui ont du bon sens rient de cette fable, et croyent qu'un serpent ou quelqu'autre animal est caché dans la caverne.

Par la conduite de *Fatji-kara o-no-Mikotto*, la lumière fut reproduite. Tous les *mutsouris* ou foires, et la coutume d'allumer du feu lorsque la fiancée quitte la demeure de ses parens, tirent de là leur origine.)

§ 48. La lanterne de la fiancée est peinte de ses armes. La fiancée est vêtue de blanc, étant considérée, dès-lors, comme morte pour ses parens.

§ 49. Il est d'usage d'envoyer de grand matin, à la demeure de l'époux, un homme et une femme qui se chargent de décorer l'appartement de la fiancée, et d'y mettre tout en ordre

§ 5o. Si toutes les cérémonies doivent être

observées, alors il faut qu'il y ait, des deux côtés de l'entrée de la maison du fiancé, un mortier, avec quelques petits gâteaux de riz pilé et cuit, pour en faire les *Woutie-aivase-motie.* Du côté gauche de l'entrée, il y a un homme, du côté droit une femme, tous les deux avancés en âge. Dès qu'on porte le *norimon* de la fiancée, le long de la maison, ils pilent tant soit peu ces gâteaux, s'écriant en même temps, l'homme : « Mille! » la femme : « Dix mille ans! » (C'est un compliment; le premier a rapport à une grue qu'on prétend vivre mille ans; l'autre à une tortue qu'on dit vivre dix mille ans.) Lorsque le *norimon* passe entre deux, l'homme verse ses gâteaux dans le mortier de la femme, et ils commencent à piler ensemble. Ce qui est pilé en commun s'appelle *woutie-aivase-motie.* (C'est une allusion à la cohabitation de l'homme et de la femme dans le mariage.)

§ 51. De cette matière pilée, on fait les *kagami-motie*, ou deux gâteaux couchés l'un sur l'autre, qu'on place comme un ornement en dedans du *toko*; leur grandeur n'est pas fixée. Ce qui reste des gâteaux pilés est mêlé dans la soupe, *soni-motie*, faite de gâteaux. (*Voyez planche première*, *lettre* B.)

Suivant que le mariage est célébré avec plus

ou moins d'éclat, cette cérémonie a ou n'a pas lieu. Il ne faut, pour faire les *kagami-motie*, que paîtrir la matière dans la forme requise, puisque les gâteaux, dans les mortiers, sont de riz cuit.

§ 52. Le *norimon* de la fiancée étant parvenu jusqu'en dedans du vestibule, le fiancé s'y trouve debout, dans ses vêtemens de cérémonie, et touche tant soit peu, de la main gauche, le bâton de devant; la fiancée lui tend, par la petite fenêtre de devant, son *mamori*, petit sac carré ou oblong, qui renferme l'image de quelque divinité. Il le prend et le donne à l'une de ses femmes, qui le porte dans l'appartement approprié pour les convives, et l'y suspend à un petit crochet.

Cette cérémonie se fait encore d'une autre manière; savoir :

Aussitôt que le *norimon* est en dedans du vestibule, une femme y est assise, ayant une petite lanterne, et plusieurs femmes derrière elle, parmi lesquelles celle qui doit recevoir le *mamori* et le *mamori-gatana*, avant que la fiancée quitte son *norimon*, et les remette à une de ses femmes. Une autre conduit alors la fiancée par la main à son appartement; celle qui a la lanterne la devance; celle qui

tient le mamori et le mamori-gatana la suit,
tend le mamori au fiancé qui est assis à l'entrée
de la seconde chambre, et porte directement
le mamori - gatana à l'appartement de la
fiancée.

Le fiancé donne aussitôt le mamori à la
servante placée, pour le recevoir, à l'entrée
de la maison ; elle le porte dans la chambre
du festin, et l'y suspend à un petit crochet.

§ 53. Dans ce cas-ci, la lanterne sert au
fiancé pour voir la fiancée : si l'épousée ne lui
plaisoit pas, les fiançailles seroient suspendues,
l'affaire seroit arrangée au moyen des médiateurs, et le lendemain elle seroit renvoyée
chez elle. Il y a eu autrefois des cas pareils ;
en ce temps-ci, l'on estime moins la beauté
que la fortune et la naissance ; avantages
auxquels autrefois on auroit eu honte d'attacher tant de prix. Cette coutume, peu à peu,
a été abandonnée tout-à-fait, à cause du trouble
que cela causoit à la fiancée. A présent, lorsqu'un jeune homme a l'intention d'épouser une
fille qu'il juge, par la situation des parens,
pouvoir lui convenir, il tâche, auparavant, de
la voir ; si elle lui plaît, on envoie un médiateur,
choisi ordinairement entre ses amis mariés, et
les fiançailles ne trouvent point d'obstacle.

4

Les gens de qualité n'ont ni lanterne, ni
médiateur, puisque les parens engagent leurs
enfans en bas âge; ce qui toujours est suivi de
la conclusion du mariage. S'il arrive que la
femme ne plaît pas au mari, il prend autant
de concubines que bon lui semble. Ceci est
même d'usage entre les gens de classes inférieures. Les enfans sont adoptés par l'épouse,
qui est respectée en proportion du nombre de
ses enfans.

Avant le temps où j'écris, il n'étoit pas permis à la fiancée, en cas que le fiancé mourût
avant la consommation du mariage, de jamais
se marier. Cela n'est plus d'usage chez les
gens du commun, ni même parmi les princes
et autres grands de l'empire; cependant, si le
Ziogoen d'à-présent, qui, avant d'avoir été élu
prince héréditaire, en 1779, se trouvoit déjà
engagé à la fille du prince de Satsuma, étoit
mort avant la consommation du mariage, la
princesse auroit été obligée de rester fille toute
sa vie. S'il avoit été élu plus tôt successeur au
trône, il auroit été obligé d'épouser une princesse de sa famille, ou de la cour du Daïri.
Dans le dernier cas, ce fut un trait de politique de s'être allié au prince de Satsuma,
comme on le verra lorsque je publierai mes

annotations secrètes sur plusieurs événemens
arrivés sous les Ziogoens de la présente dynastie.

Dans l'ancien temps, une coutume prévalut
dans la province Ozu : quiconque avoit de
l'inclination pour une fille, écrivoit son nom
sur une petite planche nommée *nisi-kigi*, qu'il
cachoit dans l'antichambre de sa maison,
entre les nattes. Ces planches dénotoient le
nombre de ses amans, et y restoient jusqu'à
ce qu'elle en ôtât celle de l'homme qui lui plaisoit le plus. En ce temps-ci, le choix d'une
épouse dépend, partout l'empire, de la volonté
des parens; aussi trouve-t-on rarement de véritable amour dans ces engagemens contractés
par convenance; le mari ne fait pas beaucoup
de cas de sa femme. Depuis les premières
classes jusqu'aux dernières, tous les hommes
vivent avec des concubines, ou fréquentent
des maisons de débauche.

§ 54. Le *Tekaké-Fikiwatasi* et les *Sousous*
sont dans la chambre voisine de celle destinée
pour les noces (*Voyez planche huitième, lettres*
A, B, C.); mais on les y apporte dès l'arrivée
de la fiancée, et on les dépose devant le *toko*,
sorte d'alcove qui forme l'endroit le plus élevé
et le plus distingué de l'appartement, et que

4.

la première inspection fera facilement reconnoître.

§ 55. Ensuite la fiancée est conduite, à la main, par une de ses femmes de chambre dans cet appartement, et sur sa place. Sa suivante, qu'on nomme *kaizoje* ou aide, s'assied à sa droite, une autre prend place à sa gauche.

§ 56. Alors le fiancé quitte sa chambre, et vient aussi dans l'appartement.

§ 57. Dès qu'il est assis, la femme dont on a parlé au § 42 prend le *tékaké*, le présente premièrement au fiancé, puis à la fiancée, et le place ensuite, de nouveau, devant le *toko*.

Présenter ainsi le *tékaké* n'est qu'un compliment de bien venue; ni le fiancé, ni la fiancée n'y prennent rien, seulement ils font une petite inclination.

§ 58. Le premier échanson, ou le papillon mâle, prend alors le *fikiwatasi*, et le place devant la fiancée. (*Voyez planche première, lettre* e.

§ 59. Le second échanson, ou le papillon femelle, suit le premier, prend les *sousous*, et les porte dans la chambre voisine.

§ 60. Le premier quitte l'appartement, prend son *sousou*, ou cruche, de la main droite, le touche un peu de la gauche, le tient alors en bas des deux mains, et s'assied devant le *fikiwatasi*, qui est ainsi entre elle et la fiancée; l'autre la suit, tient son *sousou* de même, et s'assied derrière la première. (*Voyez planche première* n°s 8, 12 et 13, *et à la lettre* e.)

Le premier, avant de verser, se tourne chaque fois un peu sur la gauche; alors le second verse un peu de *zakki* dans son *sousou*. Lorsqu'on verse, on tient toujours les *sousous* en bas, et des deux mains; ils sont remplis de *zakki* froid, parce qu'on n'en sert pas de chaud à des fiançailles.

§ 61. Le *zakki - san - gon*, ou *san - san-koudo*, désigne la manière dont le fiancé s'engage à la fiancée, en buvant du *zakki* dans des jattes de terre par trois fois trois.

On le fait avec trois, ou avec deux jattes; la dernière méthode n'a lieu qu'entre les gens du peuple, qui alors ne se servent que de la jatte d'en-haut.

Le médiateur et sa femme sont présens aux fiançailles.

Dans le premier cas, les trois jattes, nommées *doki*, ou *kaivaraké*, sont l'une dans l'autre sur le *fikiwatasi*; la fiancée prend celle d'en-haut, la tient des deux mains, et y fait verser un peu de *zakki*, dont elle goûte tant soit peu, agit de même pour la seconde et pour la troisième, et puis tend la jatte au fiancé ; il boit trois fois de la même manière, met cette jatte au-dessous de la troisième, prend la seconde, boit ainsi trois fois, et tend la jatte à la fiancée ; elle boit trois fois, pose la seconde jatte au-dessous de la première, prend la troisième, boit trois fois, et la donne ensuite au fiancé, qui en fait de même, et puis pose cette jatte sur la première ; après quoi l'on emporte cet appareil.

Les gens du peuple ne prennent que deux jattes ; la fiancée prend celle de dessus, la tient des deux mains, y fait verser un peu de *zakki*, et le boit à trois reprises ; alors elle tend la jatte au fiancé, qui en agit de même, et la rend à la fiancée ; elle boit encore trois fois, après quoi l'on emporte l'appareil.

A chaque fois que la fiancée et le fiancé ont bu, ils déposent la jatte sur le *fikiwatasi* ; le papillon mâle passe la main gauche par l'ouverture dans le pied, et le présente ainsi de part et d'autre, tenant son *sousou* de la main droite, pose le *fikiwatasi* sur les nattes, et verse ensuite, tenant son *sousou* par le bas, des deux mains.

Comme il se pourroit que la fiancée, quoique instruite du cérémonial, fît quelque bévue, la *kaizoje* (*planche première*, *n°* 11), est là pour y veiller.

§ 62. Le papillon mâle doit mettre la plus grande attention à ne jamais verser avant que l'autre n'ait mis un peu de *zakki* dans son *sousou*; il n'y a rien de plus à observer.

§ 63. Il y a encore deux casserolles à *zakki*, dont l'une, nommée *naga-jé*, a une queue; l'autre, nommée *sibsi-fisagé*, n'en a point; elles demandent plus d'attention lorsqu'on s'en sert.

§ 64. Il n'est pas permis de moucher les chandelles aux fêtes du mariage; il faut, lorsque les mèches deviennent trop longues, apporter d'autres chandelles.

§ 65. Après les fiançailles, on dépose de même le *fikiwatasi* et les *sousous* devant le toko.

§ 66. Dans la chambre à côté, se trouve encore une autre femme pour apporter le *simaday* (*planche onzième*, *lettre* B.); elle le met au milieu, entre le *toko* et l'endroit où les convives sont assis.

§ 67. Aussitôt que le *fikiwatasi* est devant le *toko*, le fiancé quitte l'appartement.

§ 68. Après les fiançailles, la fiancée recule un peu en arrière; la *kaizoje* y est de nouveau à sa droite.

§ 69. Les parens qui se tenoient dans une autre chambre sont informés, par la femme qui étoit à la gauche de la fiancée, que cette cérémonie est terminée; ils entrent alors dans la chambre du festin.

§ 70. Les parens du fiancé y viennent en même temps, et s'asseyent à la place destinée pour les maîtres de la maison, à la main gauche, qui est la plus distinguée auprès de la fiancée, dont les parens sont également assis dans le haut de l'appartement, et près du *toko*.

§ 71. Le fiancé rentrant dans la salle, se met à main gauche de la mère de la fiancée. (*Planche première*, n° 3.)

§ 72. Les médiateurs sont assis à la gauche du fiancé. (*Même planche*, n° 4.)

§ 73. Les deux frères cadets sont assis à la droite ou à la main la moins distinguée de la fiancée. (*Même planche*, n° 9 et 10.) La *kaizoje* recule un peu de côté derrière eux. (*Même planche*, n° 11.)

§ 74. Tous étant assis, une femme ôte le *tékaké* de devant le *toko*, et le présente en signe de bienvenue à chacun, commençant par les parens de la fiancée, puis au fiancé, et aux médiateurs; ensuite aux parens du fiancé, à la fiancée, et aux frères du fiancé.

§ 75. Le *tékaké* ayant été présenté ainsi, est rapporté à la chambre voisine et remis à sa place.

Le *tékaké-tanbo* est un autre plateau à support quadrangulaire, aussi de bois, mais sans ouverture ronde au pied, les jointures en sont liées avec l'écorce du cerisier; le *tékaké*, *le fikiwatasi* et les *sousous*, au contraire, ont de trois côtés de leur support une ouverture ronde; le côté où il n'y en a point, et où les morceaux sont joints avec de l'écorce du cerisier, est censé celui de devant.

Lorsqu'on présente le *tékaké*, on le lève des deux côtés sous le bord; il n'est pas permis de toucher le bord de ses doigts.

§ 76. Alors la fille *papillon mâle* va au *toko*, prend le *fikiwatasi* de la même manière, met la partie de derrière de son côté, et le porte à la seconde chambre, se tourne à l'entrée du côté gauche, et le remet à sa place.

§ 77. La fille *papillon femelle* ayant pris les *sousous* de la même manière, suit le premier, et s'assied avec eux à l'entrée de la seconde chambre, près de la coulisse des fermoirs.

Alors le médiateur indique à la fille *papillon mâle* à qui elle doit offrir la jatte à *zakki*; elle place aussitôt le *fikiwatasi* devant lui, et puis va prendre son *sousou* auprès des fermoirs. On a expliqué déjà sous le § 60 comment on doit le tenir.

La fille *papillon mâle* s'assied devant le *fikiwatasi* avec son *sousou;* la fille *papillon femelle* s'assied derrière lui, et à chaque fois que la première doit verser, elle verse un peu de *zakki* dans son *sousou*. Chaque convive boit ainsi trois fois; l'un ayant bu, le médiateur indique du geste à la fille *papillon mâle* la personne à qui elle doit offrir la jatte; celui qui l'a vidée la met sur le *fikiwatasi;* elle tient son *sousou* de la main gauche, passe la droite dans l'ouverture du pied, et présente ainsi le plateau, sur le plat de la main, de l'un à l'autre. Aux fiançailles, on a détaillé la manière de verser et de boire.

La fille *papillon femelle* suit constamment le *mâle*, qui ayant son *sousou* de la main gauche, et le plateau sur le plat de la main droite, doit bien faire attention à se tourner toujours à gauche, ce que l'autre doit également observer.

Pour s'en former une idée plus exacte, les convives sont supposés assis, suivant ce qui est représenté dans la première planche.

Lorsque la fille *papillon mâle* doit porter la jatte du maître de la maison au père de la fiancée, elle se tourne à gauche, et pose le *fikiwatasi* devant lui; si elle doit l'offrir au fiancé, elle se tourne à gauche, et se portant en avant, elle le met devant lui; mais si son père l'offre à la fiancée, elle fait un cercle à gauche, passe devant les parens du fiancé, et met le plateau devant la fiancée; le maître de la maison offrant la jatte à quelqu'un à la main droite, ou bien à un de ceux qui sont vis-à-vis de lui, il faut qu'elle soit bien attentive à tourner à gauche.

§ 78. La compagnie est supposée être composée de personnes qu'on va désigner, et dont chacune est assise de la manière suivante : (*Voyez la planche première.*)

A l'endroit le plus distingué de la salle est (*lettre* A.) le toko; à côté, n° 1, le père de la fiancée; n° 2, sa mère; n° 3, le fiancé; n° 4, le médiateur; n° 5, sa femme.

Vis-à-vis, la place la plus distinguée, n° 6, le maître de la maison; n° 7, sa femme; n° 8, la fiancée; n°° 9 et 10, les frères du fiancé.

§ 79. Les mets cités ci-après sont préparés pour les noces.

En premier lieu, ce qui est sur le *tékaké*, le *fikiwatasi* et dans les *sousous*, ensuite les soupes, *soni* et *souimono*, dans des écuelles couvertes, chacune sur un plateau très-petit; ensuite on apporte un plateau de couleur blanche, nommé *osiday*, sur lequel se trouve une tortue figurée, du dos de laquelle sortent plusieurs ornemens relatifs à des fêtes joyeuses, comme des sapins, des pruniers, des bambous, des rochers, etc. (*Voyez planche onzième*, *lettre* B.) On y met aussi plusieurs sucreries, puis, plusieurs petites caisses à friandises. Après, on présente à chacun le plat *fonzen*, ayant une soucoupe d'un apprêt de poisson, de légumes et de carottes, et nommé *namasou*, une écuelle avec du riz cuit, une autre écuelle à couvercle, avec de la soupe *miso*, préparée avec du poisson, des légumes et des carottes, un petit plat avec du *konnemon* (espèce de concombres salées dans de la lie du *zakki*. Le bois de ce plat est raboté aussi mince que du papier, et est appelé *wousouita*). On offre à chaque personne un *firasara*, ou petite gamelle plate, ronde et à couvercle, avec différens mets. On la met à côté du plat *fonzen ;* ensuite l'on sert un grand plat de brêmes, grillées avec du sel ; des écuelles couvertes, avec de la soupe de canards sauvages, de sangsue de roc, de poisson, de légumes, de jaunes d'œufs, et une assiette avec de petites sardines, et de la lentille marine.

Après cela, vient l'attirail de *zakki ;* chacun ayant bu une fois, l'on sert de l'araignée marine cuite, et puis encore du *zakki ;* à la suite vient le *founa-mori,* formé avec de la chair de homar, représentant ce crustacé couché sur le dos, et formant une sorte de pyramide. Après que chaque convive a bu pour la troisième fois, il reçoit un petit plat de tripangs frais, à sauce de gingembre ; puis, l'on boit de nouveau, ce qui est suivi d'un *sigi-famori,* ou de l'imitation d'une beccassine, formé de la chair même de cet oiseau, et figurée de même que le homar. Dès qu'on a bu pour la cinquième fois, l'on offre du *kourasoumi,* ou du frai de poisson.

Ensuite l'on sert plusieurs sortes de sucreries, une pièce de *nosi* (sangsue de roc séchée), de *kobou* (sangsue de roc fraîche), de la lentille marine, et à la fin, des tasses avec du *zinrak* (du thé vert broyé, préparé avec de l'eau bouillante.)

Beaucoup de points sont à observer en préparant et en coupant tous ces mets.

§ 80. Il faut que le médiateur ait soin d'être parfaitement instruit de la manière de contracter le parentage. Afin de prévenir toute méprise, l'on fait une liste ployée comme un éventail, et nommée *taki-naga*, sur laquelle les lettres capitales du nom des convives sont écrites. Le médiateur tient cette liste de la main gauche, et indique à la fille *papillon mâle* la personne à laquelle on doit offrir le *doki* ou *kawaraki*, des jattes de terre dont l'on se sert au mariage, en imitation de ce qui est d'usage à la cour du Daïri, à qui chaque jour les alimens secs ou liquides sont servis dans des écuelles neuves, de terre, symbole du train de vie simple de ses ancêtres. Comme tout ce dont il s'est servi une seule fois est aussitôt détruit, il est heureux pour le Ziogoen, obligé de défrayer toutes les dépenses du Daïri, que ces vases soient de terre. On verra, sur l'origine des jattes *kawaraki*, ma chronologie fabuleuse, à la tête de ma chronologie des Japonais et des Chinois, dans laquelle il est dit que le premier Daïri *Zin-mou-ten-o* fit chercher de la terre de la montagne *Ama-no-kakoui-e-jama*, pour en faire des *kawarakes*, afin de s'en servir pour invoquer les dieux du ciel et de la terre.

Lorsqu'on apporte la jatte au médiateur, il met la liste à son côté, et pour éviter toute méprise, il pose son éventail près du nom de celui qui doit boire ; c'est un des devoirs attachés à son emploi.

§ 81. On suppose que les personnes nommées ci-dessous composent la compagnie qui, sur la planche première, sont distinguées par des numéros ; savoir :

N° 1. Le père de la fiancée.

    2. Sa mère.

    3. Le fiancé.

    4. Le médiateur.

    5. Sa femme.

    6. Le père du fiancé.

    7. Sa femme.

    8. La fiancée.

    9. Le frère cadet du fiancé.

    10. Son plus jeune frère.

Alors le médiateur offre la jatte au père du fiancé ou à n° 6, de lui à n° 1, de n° 1 à n° 7, de n° 7 à n° 4, et toujours en suivant un ordre de numéros dont nous rejettons dans une note la série entière, scrupuleusement imprimée dans l'ouvrage japonais. Il suffira de dire que cette longue cérémonie finit ainsi qu'elle a commencé, par le père du fiancé (1).

Ici les fiançailles ont précédé et sont suivies par le contrat de parentage, pour prévenir de l'embarras.

§ 82. Quelquefois les fiançailles et le contrat de parentage se font en même-temps. On verra ci-dessous comment il faut en agir en pareil cas.

Pendant cette cérémonie chacun se tient tranquille, personne ne parle : il n'y a que le médiateur qui indique par signes à la fille *papillon mâle* à qui elle doit offrir la jatte. Elle commence par le père du fiancé, ou par n° 6, de n° 6 à n° 1, de n° 1 à n° 7, de n° 7 à n° 8 : à présent l'engagement se fait entre n° 8 et

---

(1) De n° 4 à n° 2, de n° 2 à n° 7, de n° 7 à n° 5, de n° 5 à n° 6, de n° 6 à n° 8, de n° 8 à n° 4, de n° 4 à n° 7, de n° 7 à n° 8, de n° 8 à n° 6, de n° 6 à n° 4, de n° 4 à n° 8, de n° 8 à n° 7, de n° 7 à n° 2, de n° 2 à n° 4, de n° 4 à n° 1, de n° 1 à n° 3, de n° 3 à n° 5, de n° 5 à n° 2, de n° 2 à n° 3, de n° 3 à n° 4, de n° 4 à n° 3, de n° 3 à n° 1, de n° 1 à n° 5, de n° 5 à n° 3, de n° 3 à n° 2, de n° 2 à n° 4, de n° 4 à n° 1, de n° 1 à n° 9, de n° 9 à n° 5, de n° 5 à n° 2, de n° 2 à n° 9, de n° 9 à n° 4, de n° 4 à n° 1, de n° 1 à n° 10, de n° 10 à n° 5, de n° 5 à n° 2, de n° 2 à n° 10, de n° 10 à n° 4, de n° 4 à n° 9, de n° 9 à n° 1, de n° 1 à n° 5, de n° 5 à n° 10, de n° 10 à n° 1, de n° 1 à n° 4, de n° 4 à n° 7, de n° 7 à n° 1, de n° 1 à n° 5, de n° 5 à n° 6, de n° 6 à n° 2, de n° 2 à n° 4, de n° 4 à n° 9, de n° 9 à n° 2, de n° 2 à n° 6, de n° 6 à n° 5, de n° 5 à n° 1, et à la fin de n° 1 à n° 6, par qui on cesse de boire.

n° 3, ou entre le fiancé et la fiancée, en buvant chacun d'eux par trois fois trois, de la manière détaillée au n° 60, ce qui étant achevé, la jatte passe de nouveau de n° 8 à n° 3, puis de n° 3 à n° 4, et toujours en suivant un ordre de numéros marqués dans l'original japonais, mais que nous remettons encore en note. La cérémonie finit entre le n° 1 et le n° 6, c'est-à-dire, entre le père de la fiancée et celui du fiancé (1).

Lorsque, parmi les classes inférieures on veut en agir ainsi, il faut que le médiateur s'y exerce auparavant avec la plus grande attention. Pour prévenir toute méprise, la lettre capitale du nom de chaque convive qui boira à son tour est inscrite sur une liste.

(1) De n° 4 à n° 2, de n° 2 à n° 7, de n° 7 à n° 5, de n° 5 à n° 6, de n° 6 à n° 8, de n° 8 à n° 4, de n° 4 à n° 7, de n° 7 à n° 8, de n° 8 à n° 6, de n° 6 à n° 4, de n° 4 à n° 8, de n° 8 à n° 7, de n° 7 à n° 2, de n° 2 à n° 4 de n° 4 à n° 1, de n° 1 à n° 3, de n° 3 à n° 5, de n° 5 à n° 2, de n° 2 à n° 3, de n° 3 à n° 4, de n° 4 à n° 3, de n° 3 à n° 1, de n° 1 à n° 5, de n° 5 à n° 3, de n° 3 à n° 2, de n° 2 à n° 4, de n° 4 à n° 1, de n° 1 à n° 9, de n° 9 à n° 5, de n° 5 à n° 2, de n° 2 à n° 9, de n° 9 à n° 4, de n° 4 à n° 1, de n° 1 à n° 10, de n° 10 à n° 5, de n° 5 à n° 2, de n° 2 à n° 10, de n° 10 à n° 4, de n° 4 à n° 9, de n° 9 à n° 1, de n° 1 à n° 5, de n° 5 à n° 10, de n° 10 à n° 1, de n° 1 à n° 4, de n° 4 à n° 7, de n° 7 à n° 1, de n° 1 à n° 5, de n° 5 à n° 6, de n° 6 à n° 2, de n° 2 à n° 4, de n° 4 à n° 9, de n° 9 à n° 2, de n° 2 à n° 6, de n° 6 à n° 5, de n° 5 à n° 1, de n° 1 à n° 6, par qui cette cérémonie est terminée.

5

§ 83. Après le contrat de parentage, la fille *papillon mâle* prend son *sousou* de la main droite, passe la gauche par l'ouverture du pied du *fikiwatasi*, et le porte ainsi, sur le plat de la main, dans la chambre à côté, où elle le remet à sa première place, à côté du *tékaké*. La fille *papillon femelle* la suit avec les *sousous*; les deux papillons ayant déposé leur *sousou* sur le plateau qui est remis à côté du *fikiwatasi*, les *soussous* y sont, comme auparavant, tout près l'un de l'autre.

§ 84. Soit que les noces se fassent à la demeure du père du fiancé ou à celle de la fiancée, la chambre à côté de l'appartement destiné à la fête en est séparée par des fermoirs sur coulisses (*Voyez planches troisième et huitième*), pour que les convives ne voient plus ce qui s'y passe. Derrière ces fermoirs se trouve un homme, dans un vêtement complet de cérémonie ou dans un *kami-simo. Planche première, n° 14, (Voyez les notes sur le cérémonial observé à la cour du* Ziogoen, *pendant le courant de l'année, lettre* K.), ou bien une femme, dans son habit de cérémonie, nommé *woetje-kake* (robe flottante à longue queue). Ils sont tous les deux bien au fait de tout ce qui a rapport au cérémonial des mariages. Il est de leur ressort d'avoir la plus grande attention à tout ce qui se passe, et de donner les informations nécessaires aux autres domestiques.

§ 85. L'engagement de parentage étant terminé, le père du fiancé commence à en féliciter la compagnie; chacun en fait de même.

§ 86. Ensuite on apporte trois jattes à *zakki*, vernissées, et l'une dans l'autre, sur un plateau ordinaire, qu'on place dans la partie honorable de la salle, près du chandelier.

§ 87. C'est alors qu'on apporte, à la demeure du fiancé, un présent de la fiancée; il est offert par une femme que l'on juge capable de bien tourner le compliment d'usage. Elle le dépose, avec la liste, dans la chambre à côté, arrange chaque pièce séparément, et présente la liste au médiateur; il la transmet au père du fiancé, qui la met à son côté, fait un compliment de remercîment, et après l'avoir lue, remercie de nouveau.

§ 88. Les noms des parens et des frères du fiancé sont écrits sur la même liste, ainsi que le présent destiné pour chacun d'eux.

Si les proches parens sont en plus grand nombre, on fait une seconde liste de leurs noms et de leurs présens.

5.

Pour les domestiques de la première et de la seconde classe, on fait une liste séparée; ce qui est observé aussi par rapport à ceux de la troisième classe, qui reçoivent des glanes de sepickes.

C'est une marque de distinction de faire ces listes. Le présent est offert à chacun des proches parens, sur un plateau séparé.

§ 89. Ce chapitre décrit le contenu des présens, et comment on doit faire les listes. (*Voyez* les tableaux sous les n°ˢ 89 et 90, lettres D.E. F. et G.)

Lettre D. *a.* La liste des présens pour le fiancé.

        b. Deux robes.

        c. Un bandeau, ou une ceinture.

        d. Un vêtement de cérémonie.

        e. Un éventail.

        f. Quelques mains de papier.

        g. La fin.

Lettre E. *a.* Liste des présens.

        b. Un rouleau d'étoffe de soie, pour le père du fiancé.

        c. Pour la mère du fiancé, une pièce de soie.

        d. Pour son frère cadet, une pièce de soie.

e. Pour son plus jeune frère, une pièce de soie.

f. La fin.

Lettre F. *a*. Liste des présens.

 b. Pour le premier domestique, une double pièce de soie de la province de *Kaga*.

 c. Pour M, une pièce de soie pour un manteau.

 d. Pour N, une pièce de soie, pour un manteau.

 e. Pour O, une pièce de soie pour une ceinture.

 f. Pour P, une pièce de soie pour une ceinture.

 g. La fin.

Lettre G. *a*. Liste des présens.

 b. Le nombre de glanes de sepickes.

 c. Pour tous les moindres domestiques.

On s'informe auparavant combien il y en a dans la maison; ensuite l'on prépare le nombre de glanes nécessaires.

§ 91. La planche deuxième, § 91, représente de quelle manière on doit arranger le présent pour le fiancé.

§ 92. On se sert, pour ces listes, du papier *fosio*, qui, par le milieu, est plié en long, et on y trace une belle écriture.

Si l'on se sert, pour les supérieurs, du papier *fosio*, l'on prend pour les moindres le papier *sougi-fara*. S'ils sont en grand nombre, l'on y écrit des deux côtés.

§ 93. Toutes ces listes sont offertes au père du fiancé, qui les lit, et fait ensuite un compliment de remercîment pour chacune.

§ 94. Alors le fiancé offre à la fiancée deux robes toutes faites, l'une à fond rouge, l'autre à fond noir ; les deux brodées en or ou en argent. Elles lui sont présentées sur le plateau vernissé, *firo-bouta*.

§ 95. Ses parens remercient pour ce présent.

§ 96. L'une des femmes chargée de servir la fiancée, la conduit à son appartement, et l'aide à mettre ces robes ; après quoi elle revient à la salle du festin, et ôte sa capote, ou ce qui lui couvroit la tête. Les femmes de qualité sont coiffées d'un voile.

§ 97. Alors le fiancé quitte aussi la salle, mais sans faire un compliment.

§ 98. A son retour on sert, à chaque personne de la compagnie, un plateau avec une petite jatte de la soupe *soni*, et de chaque côté un petit plat de bois , nommé *kogak* ; sur celui à gauche sont deux *oumébos*, ou prunes salées ; sur celui à droite sont deux *taste-kouri* , ou *gomame*, espèce de petites sardines sèches. L'on prend pour cela , quelquefois , deux petits plats de terre. (*Voyez planche quatrième* , *lettres* A. *a.* B. *b.*, § 98.)

§ 99. On peut se servir de petits plats de terre , en place de ceux de bois , sans déroger au cérémonial.

§ 100. Cette soupe , *soni* , est faite de *motsies* , ou petits gâteaux ; il faut qu'ils ne soient pas trop durs , afin de pouvoir être séparés facilement avec les petits bâtonnets à manger.

§ 101. Après avoir mangé de cette soupe , on fait venir d'autres plats , avec des *famu-goeris* à la sauce *soeimono*. Sur chacun il y a deux coquilles , et dans chacune de ces coquilles une de ces moules.

§ 102. Alors le père du fiancé commence à boire du *zakki* dans des jattes vernissées ; il en présente une au père de la fiancée ; ensuite les convives boivent tour à tour, et se félicitent réciproquement.

§ 103. Cela étant fini , on apporte une caisse avec des friandises ; elle est de trois

compartimens. (*Voyez planche première,
lettre* D.)

Le premier contient du *kasoenoko* , ou
frai de poisson.

Le second contient du *zouramé*, ou du
chat marin sec.

Le troisième contient du *gobo* , ou des carottes noires.

Il faut que le dernier coup de *zakki* finisse
par le maître de la maison.

§ 104. A pareille fête, il n'est pas permis
de moucher les chandelles. On les change
constamment par d'autres.

§ 105. Ensuite on sert le plateau *fonzen*,
dont on a parlé §. 79.

§ 106. On donne à la fiancée sa petite
table à manger, et sa vaisselle ordinaire ;
mais le riz y est entassé plus haut; ce qu'on
nomme *taka-mori*. Sur ce riz se trouve une
écuelle plus petite, ou un *sojé-no-kasa* pour
couvercle, et au-dessus une petite pierre. Les
autres mets lui sont offerts comme aux autres
convives. Il en est de même pour les mets
placés sur le plateau *fonzen*.

Avant nos jours, il étoit d'usage que la
fiancée mangeât aussi dans la salle du festin ;
on a changé cet usage, parce que la timidité

l'en empêchoit souvent. Dans ce temps-ci elle mange, avec une des femmes qui la servent, dans une autre chambre. Les mets friands ne lui sont pas épargnés.

§ 107. Toutes ses femmes, autrefois, étoient, comme elle, assises dans la salle du festin ; mais comme cela causoit souvent de l'embarras, tant en contractant le parentage qu'en buvant, et en servant les mets, elles se tiennent à présent dans une autre chambre.

§ 108. Après que le plateau *fonzen*, et quelques mets ont été servis, on donne à chacun des convives une jatte de *zakki* nommée *fiki-saka-souki*, et l'on porte dans la salle trois jattes à *zakki* vernissées, l'une sur l'autre : la première sert d'ornement ; le père de la fiancée prend la seconde, et y boit, après quoi elle fait la ronde. Le père du fiancé prend la troisième ; tous les convives y boivent de même. Après qu'on a bu ainsi trois fois, et qu'on ne veut plus boire, le père de la fiancée présente la troisième jatte au père du fiancé, et c'est par lui que cela finit.

C'est ainsi qu'on agit de nos jours, pour abréger le cérémonial.

§ 109. Hormis le *founamori*, le *sigifamori* et le *karasqumi* dont l'on a parlé au § 79, on présente les soupes *firi-soei-mono* et *miso :* la première est préparée avec des brêmes, l'autre, avec des perches. Si la salle du festin est assez large, l'on y apporte aussi le plateau *osiday.* (*Voyez planche onzième*, *lettre* B.)

§ 110. En servant la soupe *firi-soei-mono*, on place alors le plateau *osiday* à côté du chandelier qui est près de l'endroit où le maître de la maison est assis.

§ 111. Après que la compagnie a mangé de ce qui se trouve sur le plateau *fonzen*, on l'emporte, et on présente à chaque convive une tasse de thé fort. Il n'est pas permis de donner du thé léger.

§ 112. Ceci terminant le festin, les parens de la fiancée se préparent à la quitter. Ils sont accompagnés par ceux du fiancé et par la fiancée, jusqu'à l'entrée de la maison. Le fiancé, précédé de deux domestiques, avec des chandeliers, les conduit jusqu'à la porte, où, en leur faisant un compliment, il prend congé d'eux.

§ 113. Quelquefois il arrive que le fiancé, après la célébration de la fête chez lui, se rend la même nuit à la demeure des parens de la fiancée, pour s'y divertir de nouveau. Si on prévoit cette visite, un certain nombre de domestiques se tient prêt à le servir.

Alors les parens de la fiancée, dès qu'ils sont de retour chez eux, envoient un domestique habile, en habit de cérémonie, accompagné d'un autre avec une lanterne, pour le conduire.

§ 114. A la demeure du fiancé, quelques domestiques attendent cet envoyé pour lui offrir du *zakki* et différens mets.

§ 115. Quand le fiancé se rend avec ses parens et le médiateur à la demeure des parens de la fiancée, ses frères restent à la maison.

§ 116. Pendant l'absence du fiancé, il faut que la fiancée tienne compagnie à ses beaux-frères, qui la remercient chacun du présent qu'elle leur a fait.

Dans quelques maisons on fait venir alors les domestiques afin qu'elle les reconnoisse; ils la remercient des présens qu'elle leur a destinés. Dans d'autres maisons cela ne se fait pas.

§ 117. On a parlé, sous le § 88, des *glanes* de *sepikes*, dont on fait des présens; on en donne à chacun d'eux, tant à ceux de la maison que de la cuisine.

§ 118. A la demeure des parens de la fiancée, les convives sont assis ainsi :

Dans le haut, ou à la partie la plus honorable de la salle se trouve :

N°ˢ 1. Le *toko*, et tout près,

2. Le père du fiancé.

3. Sa mère.

4. Le médiateur.

5. Sa femme. Vis-à-vis, à la place la plus distinguée, est

6. Le père de la fiancée.

7. Sa femme.

8. Le fiancé.

9. Le frère aîné de la fiancée.

10. Son frère cadet.

§ 119. Le *toko* est décoré comme à la maison du fiancé, mais sans le *kagami-motié*. Les mêmes cérémonies y sont aussi observées.

§ 120. Pour le service des mets, et pour toute autre chose, on s'y comporte de la même manière.

§ 121. Le fiancé porte les robes dont les parens de la fiancée lui ont fait cadeau.

§ 122. En y contractant la parenté, tout se fait ici comme au § 81.

§ 123. Une femme, des parens du fiancé, porte dans la chambre, à côté de la salle du festin, le présent qu'ils ont apporté, et en offre la liste au médiateur.

Puisque déjà l'on a expliqué comment il faut que cette liste soit faite, il seroit superflu de le répéter.

§ 124. Les parens de la fiancée font un compliment de remercîment.

§ 125. Ils remercient de même pour les *glanes* et les *sepikes* offertes pour les moindres domestiques.

§ 126. Lorsque les proches de part et d'autre, ont contracté entre eux la parenté, l'on apporte le *fikiwatasi;* alors le père de la fiancée présente un sabre monté, qu'on nomme *fikidemono.*

§ 127. On le place sur un plateau, dont le pied est plus bas que ceux des autres, devant le père de la fiancée.

En présentant et en acceptant ce sabre, et la liste nommée *tatsi-ori-kami*, il y a une cérémonie particulière à observer.

Le père de la fiancée, en prenant le sabre sur le plateau, avance vers le milieu de la salle; le fiancé en fait de même pour le recevoir. Entre les gens de qualité, cette présentation et l'acceptation du sabre sont très-importantes; les classes inférieures agissent avec peu de cérémonie.

Par exemple, si le maître de la maison est

d'un rang supérieur à celui du médiateur, alors il le prie d'offrir le sabre au fiancé; sinon, il le fait lui-même de cette façon.

Le plateau et le sabre sont d'abord mis devant le père de la fiancée; alors il prie le médiateur de le présenter au fiancé, ayant, en le lui offrant, le tranchant vers lui-même, en sorte que le manche est tourné vers la main droite du médiateur. (*Voy. planche deuxième, lettres* A *et* B.)

Alors le médiateur doit paroître s'avancer vers le fiancé; mais celui-ci se lève et s'assied au milieu de la salle, où le médiateur lui tend le plateau avec le sabre, le manche tourné vers la main gauche du fiancé.

Le fiancé fait aussitôt un compliment de remercîment; alors le médiateur, croisant les mains, prend le sabre sur le plateau, tournant le manche vers la main droite du fiancé, mais tenant le tranchant de son côté, et l'offre de la manière représentée dans la planche II.

§ 128. Le fiancé l'accepte de la même manière que le médiateur l'avoit fait; savoir:

Premièrement, il prend le sabre en haut, de la main gauche, et en bas de la main droite, le tourne en demi-cercle, tient le tranchant de son côté, et fait un compliment de remercîment ; ensuite il le prend seulement de la main droite , avance un peu à gauche , se lève , va dans l'appartement voisin, ôte son sabre de la main gauche , le dépose , met celui qu'il vient de recevoir à côté, et rentre dans la salle. Avant de s'asseoir il fait un compliment de remercîment au père de la fiancée.

§ 129. Ses parens remercient de même ceux de la fiancée ; alors le médiateur emporte le plateau dans la chambre à côté, et reprend sa première place.

Le sabre déposé par le fiancé est serré par une de ses femmes dans le *fasami-fako*, (espèce de portemanteau) qu'elle remet à un des gens de son maître.

§ 130. Par rapport aux soupes *soni* et *soei-mono*, et à d'autres mets et friandises, le même cérémonial n'a lieu qu'à la maison du fiancé.

§ 131. Cette fête étant terminée , le fiancé et ses parens, après avoir pris un congé amical, rentrent chez eux , et sont reçus à l'entrée par la fiancée.

§ 132. Lorsqu'on dresse le lit pour la fiancée, son oreiller est placé vers le nord (symbole de ce qui se pratique avec les morts, puisqu'à présent elle est considérée comme morte pour ses parens). Cette façon d'agir est conforme aux véritables rites japonais, mais est rarement observée en ce temps-ci.

§ 133. Le lit de la fiancée ressemble à celui du fiancé : on l'a préparé auparavant à sa maison ; si l'on n'y a pas fait de même pour celui du fiancé, on le prépare chez lui.

§ 134. Les lits ayant été faits, la fiancée y est conduite par une des femmes nommées pour la servir ; c'est cette même femme qui introduit le fiancé dans l'appartement.

§ 135. Cet appartement est bien meublé : on y apporte le *sanbo ;* c'est un plat couvert d'une pyramide de riz broyé, plus deux *kommelmaas* dans du papier *sougifara*, attachés avec un petit tissu de cordon complimentaire, et deux *kawaraki*, ou jattes de terre, placées l'une sur l'autre, et qui servent à boire du *zakki* froid.

Le fiancé fait remplir une de ces jattes, la boit, et la tend ensuite à la fiancée ; elle boit et la lui rend ; il boit de nouveau, et l'on ne boit plus.

La femme qui soigne la fiancée est présente pour obéir à ses ordres.

Les deux époux sont servis par les papillons mâle et femelle, dont les *sousous* sont décorés de ces insectes artificiels.

§ 136. Une femme de la fiancée dort secrètement dans la chambre voisine.

§ 137. Le lendemain matin, un *fouro* ou lavoir est préparé ; les deux époux s'y lavent avec de l'eau chaude.

§ 138. On a aussi apprêté les mets convenables. Les petites tables à manger des époux sont placées l'une à côté de l'autre, et ils déjeunent ensemble.

§ 139. Un seul domestique mâle et un domestique femelle du fiancé, et des domestiques de la fiancée aident à arranger l'appartement où l'on trouve :

1°. Le *toko*, et en dedans *le tékaké*, le *fikiwatasi* et les *sousous*.

2°. A côté du *toko*, les *kaje-obi*, deux boîtes hautes, avec des coquilles peintes, sorte de jouets à l'usage des femmes. *Planche troisième, lettres* aa.

3°. Le *misousi* et le *koerodana*, meubles pour différens objets. (*On en trouve la description sous le* § 190, *et les dessins planche neuvième. Le premier, lettre* A, *a un bord redressé ; l'autre, lettre* B, *a le dessus plat.*)

4°. Le *siodana*, ou secrétaire, est placé par quelques personnes à côté des deux premiers meubles. (*Voy. planche neuvième, lettre* C.)

§ 140. Les mariés sont dotés, suivant leur rang, de plus ou moins de vêtemens, et l'on se sert d'un ou de deux porte-manteaux mobiles pour les y suspendre. (*Voyez planche troisième*, n°ˢ 1 et 2.)

§ 141. Des gens de qualité se servent, pour ces vêtemens, des étoffes *fisi-aja*. (*Voyez* § 19.) Quoique chacun s'habille suivant son rang, il faut apporter au choix de ces vêtemens beaucoup de soins. Parmi ceux qui ont un rang égal à celui du gouverneur ou du trésorier de Nangasaki, la fiancée est dotée de douze robes, chacune sur un porte-manteau séparé, savoir:

D'une robe bleue pour le premier mois, brodée à sapins et à bambou.

D'une robe vert de mer pour le deuxième mois, à fleurs de cerisier et à bassinets.

D'une robe rouge clair pour le troisième mois, à saules et cerisiers.

D'une robe couleur de perle pour le quatrième mois, brodée de la lettre *fokotogizou*, ou coucou, et de petites souches, nommées Sima ou Isles.

D'une robe jaune terne pour le cinquième mois, brodée d'eau et de glayeuls.

D'une robe orange clair pour le sixième mois, brodée de melons, et d'un fort cou-

rant ; la saison des pluies , qui dure ordinairement vingt jours , vient dans ces deux mois.

D'une robe blanche pour le septième mois,
à fleurs kikjo , nuancée dans le fond de fleurs
blanches, et pourprées, en cloches, dont la
racine laiteuse sert en médecine , et offre un
aussi bon cordial que les nids d'oiseaux.

D'une robe rouge pour le huitième mois ,
parsemée de feuilles de momisi ou de prunelle.

D'une robe violette pour le neuvième mois,
brodée de fleurs de la matricaire.

D'une robe couleur olive pour le dixième
mois, représentant une route, et des épis de
riz coupés.

D'une robe noire pour le onzième mois,
brodée des lettres kori , ou glace, et tsourara
glaçon.

D'une robe pourpre pour le douzième mois,
brodée des lettres juki ou neige, et tjirasi
poudré.

Je confiai, à mon retour au Japon, en 1784,
à un des directeurs de la Société des Sciences
à Batavia, les dessins de toutes ces robes, supérieurement brodées en or, en argent et en
couleurs vives, et représentées sur des porte-
manteaux séparés, ainsi que de plusieurs autres
objets. Lorsque je repartis de cet empire, je ne

6.

les trouvai plus. D'après ce que j'appris dans la suite relativement à d'autres objets, il est probable qu'ils furent envoyés en Europe à quelque personnage important auquel on voulut faire la cour.

§ 142. Après les noces, les parens de la fiancée envoient à la demeure du fiancé le *sake-ziu* (§ 24), en signe de congratulation; chacun envoie plus ou moins de présens, selon son rang.

§ 143. Un domestique reste au domicile du fiancé pour recevoir les présens, dont il tient, dans un souvenir, une note exacte, ainsi que des cuves à *zakki*.

Les pièces d'or et d'argent, les *sepickes* et différentes sortes de papier dont on a parlé § 27, étant prêts, ceux qui les apportent sont récompensés en proportion de leur valeur. L'on tient note aussi de ces contre-présens.

§ 144. Dans l'appartement de la fiancée se trouve aussi un domestique *garde-note*, et un autre chargé d'arranger les présens et de les garder.

§ 145. Il y a aussi un autre domestique avec le fiancé, qui tient note des cuves de *zakki* et des plateaux chargés de poisson qu'on lui envoie.

§ 146. On offre à ceux qui viennent voir la fiancée dans son appartement, le *tékaké*, le *fikiwatasi* et les *sousous;* on les régale aussi d'une boîte de friandises, composée de *founa-mori*, de *sigifamori* et de *karoumi*.

§ 147. Si l'on reçoit ceux qui viennent rendre visite dans la salle, tous ces objets y sont sous la main ; ensuite on régale de nouveau les hôtes, dans l'appartement de la fiancée. C'est pour cela que plusieurs ne reçoivent les félicitations que dans l'appartement de la fiancée, pour éviter l'embarras.

§ 148. Le fiancé a près de lui un homme bien instruit à écrire une lettre de remercîment.

§ 149. Cette lettre est en ces termes :

« J'ai lu la lettre que vous m'avez fait par-
» venir, par laquelle vous me mandez que vous
» êtes satisfait que toutes les cérémonies qui
» ont dû avoir lieu jusqu'à ce jour soient ter-
» minées. La cuve de *zakki* et le plateau de
» poisson (ou tout autre présent) que vous
» m'avez envoyés, ont été reçus par moi en
» fort bon état. Je vous en fais, de tout mon
» cœur, mes humbles remercîmens. »

» Je me flatte que bientôt nous aurons l'oc-
» casion de nous parler.

» Mon père vous adresse aussi ses remercî-
» mens par celui qui a l'honneur de se dire
» avec une parfaite considération.

(*La date.*) (*Le nom et la signature.*)

(Le nom est toujours gravé dans un cachet et imprimé avec de l'encre rouge ou noire ; la signature se met à côté.)

Cette lettre, pour les personnes d'un rang égal, est écrite avec la plus grande politesse ; pour les supérieu.s, elle contient plus de complimens, et moins pour les inférieurs.

§ 150. La fiancée a aussi, avec elle, une personne qui connoît la tournure d'usage pour ces sortes de lettres.

§ 151. Elles sont dictées de la même manière, mais écrites en *kana-kata* ou écriture dont se servent habituellement les femmes, et avec le style qui leur convient.

Dans ces lettres, il n'est pas permis de parler d'autre chose.

§ 152. Il faut que la suivante de la fiancée veille à ce que sa maîtresse n'ait point à souffrir de la faim par le grand nombre de ceux qui viennent la voir, et devant qui elle ne peut décemment satisfaire son appétit.

§ 153. Le jour d'après, tous les gens du fiancé sont régalés de gâteaux dans l'appartement de la fiancée.

§ 154. On envoie à chacun des proches parens qui n'ont point assisté aux noces une petite caisse nommée *kawa-ii*, pour leur faire part que cette cérémonie est terminée. Une

telle caisse contient environ 2 $\frac{1}{2}$ gantings , ou
4 $\frac{1}{2}$ de nos livres de *motsi-gome*, ou du riz de
gâteaux étuvé , èt quelquefois davantage , suivant la grandeur. (Le meilleur riz pour faire
les gâteaux vient de *Sinowara* , dans la province *Omi*. Après avoir été bien broyé , il
devient blanc comme de la neige.)

§ 155. On parlera , au § 191, du papier à
envelopper différens articles : la planche 10
représente la manière de le plier selon les
objets que l'on veut envelopper.

§ 156. Trois jours étant écoulés, la fiancée
va voir ses parens; ils envoient une femme
pour la prendre.

§ 157. A la demeure du fiancé on a préparé les soupes *soni* et *soeimono*, ainsi que du
zakki pour elle.

§ 158. A cette occasion , le fiancé fait présenter, en marque de félicitation , aux parens
de la fiancée, un *fokai*, ou boîte avec des gâteaux de riz étuvé , un plateau avec du poisson ,
et une cuve de *zakki*. (*Voyez planche quatrième*, *lettre* B.)

§ 159. Ce présent, accompagné d'un surveillant, est envoyé avant le départ de la fiancée.

§ 160. On a préparé des mets et du *zakki*
à la demeure des parens de la fiancée , pour
régaler le surveillant et les porteurs.

§ 161. Le contre-présent y est aussi en ordre.

§ 162. On a soin que la fiancée et ceux qui l'accompagneront soient bien régalés.

§ 163. Les parens de la fiancée font voir le présent du fiancé à tous leurs proches qui vivent chez eux.

§ 164. Pendant le temps que la fiancée est avec eux, le fiancé envoie un autre présent, comme souvenir de la visite de la fiancée à ses parens. (*Voyez planche cinquième*, *lettre* B.)

§ 165. Il est d'usage que les proches de part et d'autre envoient quelque présent aux père et mère de la fiancée.

§ 166. Les porteurs sont bien régalés, et reçoivent un contre-présent.

§ 167. Le fiancé envoie un homme et une femme pour ramener la fiancée à la maison conjugale.

§ 168. Un nouveau repas est préparé pour les conducteurs.

§ 169. Lorsque la fiancée se dispose au départ, ses parens envoient, à la demeure du fiancé, un *fokai* ou boîte avec des gâteaux, un plateau avec du poisson, et une cuve de *zakki*; c'est un présent semblable à celui qu'ils ont reçu.

Ces gâteaux, que l'on fait tantôt grands,

tantôt petits, sont formés avec le riz étuvé reçu parmi les présens ; quelques uns font d'un ganting de riz un seul gâteau, d'autres en font deux ou trois.

§ 170. On envoie ce présent avant que la fiancée quitte la demeure de ses parens.

§ 171. Des mets et du *zakki* sont prêts à la demeure du fiancé, pour régaler le surveillant et les porteurs de la même manière qu'on a régalé les siens.

§ 172. Le contre-présent est de même, en proportion de l'autre.

§ 173. Le fiancé montre le présent des parens de la fiancée à tous ses proches qui demeurent chez lui.

§ 174. Toutes les cérémonies étant terminées, la fiancée, accompagnée de sa belle-mère ou d'une proche parente âgée, va faire visite à chacun de ceux qui lui ont envoyé un présent, et les remercier en leur offrant en même temps quelque chose en retour. (*Voyez planche cinquième, lettre* A.)

§ 175. Ces contre-présens ont été préparés à l'avance par les parens; s'il en manquoit quelques uns, le fiancé y suppléeroit.

§ 176. Sept jours après que les noces et toutes les cérémonies sont terminées, le fiancé et quatre ou cinq de ses amis intimes sont invités par les parens de la fiancée, à un festin copieux. S'ils ne peuvent se rendre à l'invitation ce jour-là, on diffère la réunion jusqu'au neuvième.

Avant le dîner le fiancé va faire une visite à la mère de la fiancée, dans son appartement, où on lui sert du thé et des sucreries.

On peut s'abandonner à la gaîté dans la salle du festin : quelques uns font jouer de toutes sortes d'instrumens de musique; ce qu'on nomme *maïbajasi*, et ce qui demande beaucoup d'attention; d'autres n'emploient que le *samsi*, le *colo*, et quelques autres instrumens.

Peu de jours après, le fiancé invite les parens de la fiancée à un semblable repas. Dans ces deux visites, les mets ne donnent pas beaucoup d'embarras.

Ici finissent toutes les cérémonies matrimoniales dont l'exacte observation demande quelque attention, et suffit aux classes inférieures. Chez les personnes de qualité, les cérémonies du mariage sont plus nombreuses et plus compliquées.

Pour éviter la confusion, les mots *le fiancé*, *la fiancée*, dans la description du cérémonial qu'on vient de lire, ont été employés préférablement aux mots d'*époux* et d'*épouse*, quoiqu'ils soient moins propres que ces derniers à désigner l'union conjugale.

EXPLICATION DÉTAILLÉE *de plusieurs objets représentés dans les planches.*

§ 177. *Planche sixième*, *lettre* À, on trouve sur le *fikiwatasi* deux petits plats marqués *aa*. nommés *kogak*; sur l'un on met une pièce de lentille marine, sur l'autre, cinq marrons; lettre *b*, trois jattes de terre appelées *dokies* ou *hawaraké*; *c*, une touffe de *nosi* ou de sangsue marine séchée, attachée à une petite baguette de bambou très-mince, engagée des deux côtés dans les rebords du plateau, si adroitement qu'on ne s'en aperçoit pas.

Sur la même planche, *lettre* B, est représenté le *tékaké*, où l'on voit, *a*, des marrons ou châtaignes; *b*, de la lentille marine finement coupée; *c*, une touffe de *nosi* de sept bandes de même largeur, jointes par de l'amidon; enveloppée dans le haut du papier *fosio*, attaché par un petit faisceau de cordons complimentaires, dont les bouts sont frisés.

Le *nosi* sur le *fikiwatasi* est décoré de la même manière; sur les jattes, qui sont quelquefois enveloppées de papier doré ou argenté, sont peints une grue, une tortue, des sapins ou des bambous.

§ 178 et 179. *Planche quatrième*, on voit, à la lettre A, comment sont ornés les *sousous* ou caraffes à *zakki*.

Le papillon mâle *a* est orné de petites branches minces de sapin, et du *juzouri-fa*, ou de feuilles de l'arbre *tsour-siba*.

Le papillon femelle *b* l'est ainsi de petits jets de sapin, et de trois fruits du *tatsibana* ou du citronnier, ressemblant fort au fruit du *mékan-no-ki* ou de l'arbre à oranges douces.

§ 180. *Planche quatrième*, on voit, aux lettres B, deux vases de cuivre, faits à peu près comme des *théières*; ils contiennent du *zakki*, et sont décorés comme les carafons; mais l'anse est enveloppée du papier *fosio*, attachée par un *siro-moto-i*, ou mince cordon blanc, dont on se sert en dressant les cheveux.

Dans une année ordinaire il y a douze tours de ce cordon à l'anse, mais treize dans une année embolismique, suivant le nombre des mois.

Sur le derrière de l'anse de chaque vase à *zakki*, dont le mâle est distingué par la lettre *a*, la femelle par la lettre *b*, il y a une sorte de queue, longue d'environ trois pouces six lignes; elle ressemble à la queue d'un milan, et est nommée à cause de cela *tabi-no-o* : l'on se sert de ces vases en cuivre, qui ont, ainsi que les caraffes, le nom de *sousou*, dans la chambre à coucher, et quelquefois aussi dans l'appartement de la fiancée.

§ 181. *La septième planche* représente la décoration et l'arrangement que doit avoir la salle des noces.

Lettre A. N° 1, *le Toko.*

    2, *les kagami-motie.*

Lettre B. *la chambre à côté de la salle.*

Lettre a, *le tékaké.*

    b, *le fikiwatasi.*

    c, *les sousous.*

    d, *le simaday.*

    e, *l'osiday.*

    f, *un chandelier.*

§ 182. *La huitième planche* représente l'appartement où les parens de la fiancée régalent le fiancé.

§ 183. On peut s'y passer des plateaux *osidai* et *simaday*, à moins qu'on n'ait l'intention d'en agir avec la plus grande cérémonie.

§ 184. Aux noces des personnes ordinaires on se sert seulement des *sousous* dont on a parlé plus haut. Chez les gens de qualité l'on a encore deux autres petits *sousous* en cuivre ;

il seroit superflu de décrire la manière de s'en servir ; ils sont représentés dans la planche quatrième sous la lettre B, § 184.

Celui sous la lettre *a*, a le nom *tjosi-fisagé*, l'autre sous la lettre *b*, *nagajé-tjosi*.

Près du tuyau du premier est attaché à l'anse un papillon de papier ; autour de l'anse sont neuf cercles de cordon blanc ; ce nombre est considéré comme le plus parfait ; sur le derrière de l'anse il y a aussi une queue.

Le second a un tuyau des deux côtés ; dans le milieu s'étend tout le long un manche long qui finit en un rond plat *d*, nommé *tatami-souri*, ou glisseur à nattes ; il a aussi une queue qui commence depuis la tête du manche.

§ 185. Les deux *sousous* en cuivre sont décorés de deux manières peu différentes : pour les papillons et pour envelopper l'anse, l'on prend du papier blanc, doré, argenté, ou rouge.

Le manche du *nagajé-tjosi*, aussi loin qu'il s'étend au-dessus du bord, est entouré de sept bandes d'un mince cordon blanc, doublé, nommé *quansin-jori*, fait du papier *sougi-fara*, symbole des sept planètes.

Au milieu, entre ces bandes, est attaché

le papillon , et on lie à l'anse de petits jets
de sapin et des feuilles *juzouri-fa.*

L'extrémité de l'anse est enveloppée d'un
papier triplé , et l'anse , depuis l'endroit où
elle devient plus mince , de petits jets de
sapin , de feuilles de *juzouri-fa* , et de papier.

Le manche , depuis le bord jusqu'à la cour-
bure , a trois bandes , et de là jusqu'à la partie
ronde , neuf bandes , ou ensemble douze bandes
dans une année ordinaire , mais treize dans une
année de treize mois lunaires.

Le second *sousou* en cuivre, marqué lettre *b*,
est nommé le papillon mâle ; l'autre , marqué
lettre *a* , le papillon femelle. Par rapport à
tous les deux il y a une observation à faire.

Outre les jets du sapin , et les feuilles de
l'arbre *tsourziba*, liés en tuyau du *tjosi-fisagé* ,
les deux papillons placés au-dessous ont une
espèce de petite barbe , ou germe , faite de
papier frisé, et sur le derrière une queue de six
pouces de long.

§ 186. La coiffure en cheveux des deux
filles papillon mâle et papillon femelle , chez
des personnes de qualité , est arrangée ainsi :
sur le derrière de la tête, les cheveux forment
une sorte de queue platte , nommée *sagé-kami*,
comme on la voit à la planche première, n° 11,

à la *kaizojé*, ou à l'aide de la fiancée. En marchant, elles lèvent aussi la queue de leurs robes de la main droite, ce qu'on nomme *kai-tori*.

La fille papillon mâle apporte le *nagajé* de la main gauche, et le pose sur la natte; mais lorsqu'elle veut verser, elle s'appuie de la main gauche sur la natte, tient le *sousou* de la droite, et verse en cette position, après que l'autre a versé auparavant un peu de *zakki* dans son *sousou;* c'est pourquoi le premier, se tournant un peu à gauche, dépose le vase sur la natte.

Le second papillon suit toujours le premier, et entre dans la salle de la même manière avec son *sousou*, le met sur la natte, et se tient en arrière de l'autre, mais à la droite.

Le premier ne verse jamais le *zakki* sans que le second mette à chaque fois un peu de *zakki* dans son *sousou*, ce qu'on nomme *koewajé;* ayant fait ainsi, il remet le vase sur la natte.

Chez des gens d'une classe inférieure, les cheveux de ces *filles papillons* sont arrangés à la manière ordinaire; elles laissent aussi traîner leurs robes.

§ 187. Le jour où la fiancée va voir ses

parens, ils envoient, ainsi que le fiancé, un domestique, habillé d'un *kami simo*, ou vêtement de cérémonie, à la demeure des médiateurs, pour leur faire un compliment de remercîment, et pour leur offrir à chacun un présent exactement semblable et d'une valeur modérée.

§ 188. Les parens de la fiancée doivent penser, lorsqu'ils sont à la demeure du fiancé, à offrir un présent convenable,

A la femme qui servoit d'aide à la fiancée,

Aux deux filles, papillon mâle et papillon femelle,

A la femme qui a offert le *tékaké*.

§ 189. Il y a des mots qui sont condamnés lors des mariages; ainsi l'on doit soigneusement s'en abstenir. Tels sont : *rendre, prendre congé, s'en aller, repousser, renvoyer, retirer, changer, abolir, répudier, inconstant, etc.*

§ 190. La *planche neuvième*, lettre A, représente ce qu'on met sur le *mizousi*, savoir :

Sur le *itjé-no-tana*, ou la première planche,

a. Un *zousouri-fako*, ou la boîte contenant l'encrier.

b. Un *kenbio*, ou petit couvercle de pierre, ou du meilleur bois. Il sert d'ornement à l'encrier.

7

c. Un *foudé-tada*, ou cornet pour les pinceaux à écrire.

d. Un *boun-tsin*, ou petit animal de pierre, de cuivre, ou de tout autre métal ; on le met comme un poids sur le papier.

e. Un *fitsouka*, ou une boîte à cannelures pour les pinceaux.

f. Différentes sortes de papier, comme l'*O-taka*, le *kotaka*, le *fosio*, le *sougi-fara*, etc.

Sur le *ni-no-tana*, ou la seconde planche,

a. Des *fanzo*, ou appareil délicat, dont les femmes se servent pour se noircir les dents.

b. Un *majou-faké*, ou petite houpe de plume, pour aplanir les sourcils.

c. Des *fané*, ou les plus grosses plumes d'un aigle, ou d'une grue, pour balayer la poussière ou les cendres.

d. Un *ko-ban*, ou plat à feu, avec son *koro*, ou la terrine à brûler du kalambak, ou quelqu'autre encens.

e. Des *ko-basi*, ou petites pincettes à brûler du tabac.

f. Le *gin-ban*, ou petite lame de verre de Moscovie dans un fourreau d'argent, qui sert au même usage.

Sur le *san-no-tana*, ou la troisième planche,

a. Une petite caisse à deux portes, dans laquelle il y a du *tansak*, ou papiér de couleur, pour écrire des vers; elle sert aussi pour y serrer des livres et des manuscrits.

b Un *fits-dai*, ou boîte pour des pinceaux.

Il est aussi d'usage d'y mettre du *taki-mono*, ou un mélange d'épiceries odoriférantes.

Un *fay-osi*, ou petite pelle à feu d'argent, ou de quelqu'autre métal, polie, plate, à côtes, ou gravée de différentes figures; elle sert à aplanir ou à comprimer les cendres de la terrine.

Un *fi-tori*, ou double terrine à feu : celle en dehors, qui est de bois, a la figure d'une citrouille; celle en dedans est en argent ou en cuivre doré; au-dessus est une petite plaque percée en figures, du même métal, qui lui sert de couvercle.

Sur le *si-no-tana*, ou la quatrième planche,

a. Une caisse à mettre plusieurs *zosi*, ou livres et manuscrits.

7.

_b._ Une petite cuve vernissée, avec son pot, pour laver les mains.

L'on trouve à la même planche, lettre B, ce qu'on met sur le *koero-dana*, savoir :

Sur le *itjé-no-tana*, ou la première planche,

_a._ Un *tansak-fako*, ou boîte à papier de couleur, sur lequel on écrit les vers.

_b._ Un *zousouri-fako*, ou boîte pour l'encrier.

_c._ Un *naga-foumi-fako*, ou boîte pour des lettres oblongues.

_d._ Un *foumi-fako*, ou boîte pour des lettres ordinaires.

Sur le *ni-no-tana*, ou la seconde planche,

_a._ L'ouvrage *kokin-ziu*.

_b._ L'ouvrage *manjo-ziu*,

Contenant tous deux une collection d'anciens poëmes.

Sur le *san-no-tana*, ou la 3ᵉ planche,

_a._ Une caisse à deux portes pour les *zosi-no-fan*, ou pour une variété de livres et de manuscrits.

_b._ Un *tsou-no-tarai*, ou petite aiguière à deux anses de chaque côté.

_c._ Un *missou-tsougi*, ou pot à eau.

Sur le *si-no-tana*, ou la 4ᵉ planche,

a. Un *moto-i-fako*, ou boîte, pour mettre des cordons à nouer les cheveux.

b. Un *fousi-fako*, ou boîte, avec une poudre blanche et âpre, dont les femmes se servent, après avoir noirci leurs dents, pour leur donner le plus grand éclat et les polir.

c. Un *fagouro-fako*, ou boîte, avec une composition pour noircir les dents.

La même planche représente sous la lettre C, la façon de faire le *siodana*, ou secrétaire ; on n'y voit que les planches, puisque chacun y met ce qui lui plaît. C'est simplement un modèle.

§ 191. *La planche dixième* représente de quelle manière il faut plier le papier à envelopper différens objets.

Il y a quelques personnes pour lesquelles on plie le papier de trois manières; pour d'autres, de deux manières ; et pour d'autres, d'une seule manière.

La première manière de plier le papier a le nom *sin*, ce qui veut dire véritable ; elle est la plus polie.

La seconde a le nom *gio*, ou manière ordinaire ; elle est moins polie, et en usage parmi ceux qui sont du même rang.

La troisième, nommée *zo*, est la manière générale et commune.

On s'en sert envers ses inférieurs et les gens du peuple. Pour pouvoir s'en faire une plus juste idée, je me suis procuré, avant mon départ du Japon, ces différentes sortes de papiers. (1)

Lettres *a　a*. Le papier pour le *nosi*, plié de la première et troisième manières.

b. b. b. Pour des étoffes de soie de la première, deuxième et troisième.

c. Pour des essuie-mains, et les objets suivans, de la troisième manière.

d. Pour un lien, ou une ceinture étroite.

e. Pour une simple ceinture.

f. Pour un mélange d'épiceries odoriférantes.

g. Pour du kalambak.

h. Pour un bonnet, ou une cape.

i. Pour du fard.

k. Pour du siki-si, ou papier carré de couleur, à écrire des vers.

---

(1) J'ai, dans mon cabinet, ces différentes sortes de papiers ployées de la manière dont elles sont représentées dans la gravure. (Note de l'éditeur des manuscrits de M. Titsingh.)

l. Pour du *tansak*, ou papier oblong de couleur, pour le même objet.

m. m. Pour des éventails, de la deuxième et troisième manières.

n. Pour des plantes, des rejetons de fleurs, et les ognons, de la troisième manière, ainsi pour ce qui suit.

o. Pour des rameaux de fleurs, et des branches d'arbres à fleurs.

p. Pour de l'encre et des pinceaux.

q. Pour de la poudre de poivre et de piment.

r. Pour un *taka-no-asigai*, ou petite lanière qu'on met autour de la patte d'un faucon. (Ordinairement c'est d'une couleur pourpre, avec des franges rouges ; mais dès qu'il a pris une grue, on lui donne une lanière rouge à franges de la même couleur.)

s. s. s. Pour du *goma-sio*, ou un mélange de sel, et de la semence de goma, qui ressemble beaucoup à celle du pavot, quoiqu'un peu plus grosse. Ce papier est plié des trois manières.

§ 192. *La planche dixième*, fig. 1re, représente aussi le plateau avec les monnaies offertes au nom des parens du fiancé.

Lorsqu'on fait présent de beaucoup de pièces d'argent, chaque pièce de la valeur de quatre taëls trois maas, on en met trente, cinquante ou plus dans chaque paquet; au-dessus l'on écrit le nombre que contient chaque paquet. On met trois de ces paquets sur un plateau.

Si l'on en offre moins, on en met deux ou trois dans chaque paquet, et l'on écrit la quantité au-dessus; qu'il y en ait beaucoup ou peu, on doit en présenter en même temps une note exacte.

La figure 2 de la même planche représente la manière de placer les *pelangs blancs* sur le plateau.

La planche sixième, fig. 3, représente le plateau avec les cinq rouleaux de *gilams rouges*; s'ils sont larges, on les plie jusqu'à ce qu'ils aient la largeur de sept pouces; puis on les enveloppe de double papier *fosio*, et on les lie au milieu par une petite touffe de cordons complimentaires.

Souvent l'on met les cinq rouleaux à côté l'un de l'autre; quelquefois trois en bas, et deux au-dessus.

La planche sixième, fig. 4, représente le plateau avec les cinq doubles pièces d'étoffe rouge.

La planche quatrième, fig. 6, représente le plateau avec les cinq touffes de *nosi*.

La planche sixième, fig. 7, représente le plateau avec les trois glanes de chat marin.

La même planche, fig. 8, le plateau avec le *kanbou*, ou lentille marine ; on met cinq ou sept paquets, dont chacun est de dix feuilles.

La planche quatrième, fig. 9, représente la boîte qui contient cinquante *kommelmaas*, ou dos séchés du poisson bonyt.

La même planche, fig. 10, offre deux des meilleures brêmes sur un plateau.

La même planche, fig. 11, représente deux cuves de *zakki*, chacune de cinq jusqu'à dix gantings, à volonté, entourées avec des cercles de *warabinawa*, ou d'une grosse corde noire, tournée double.

La planche onzième, *lettre* A, représente le *simad..y taka sago*, ou le plateau blanc sur lequel sont figurés un sapin, un prunier, des bambous, des rocs, une grue, une tortue, et deux personnes âgées, un homme et une femme, (symboles de longue vie.)

La même planche, lettre B, l'*osidai-forai*. Ce plateau est décoré comme l'autre ; on en a donné la description au § 79. Outre plusieurs sortes de friandises, il faut y mettre deux petits bâtonnets à manger, saupoudrés de dorure.

EXPLICATION DE PLUSIEURS MOTS JAPONAIS.

Aja, le fond d'une certaine étoffe.

Boun-tsin, petit animal de pierre, de bois, ou de métal.

Condorin, monnaie.

Daïri, le souverain ecclésiastique du Japon.

Doki, ou *kawarake*, jatte de terre.

Fagouro-fako, boîte avec un mélange à noircir les dents.

Famagouris, des moules.

Fanes, de grosses plumes.

Fansi, sorte de papier.

Fanzo, l'appareil pour noircir les dents.

Fasami-fako, un porte-manteau.

Fay-osi, petite pelle à feu.

Fiki-saka-souki, nom d'une certaine jatte à zakki.

Fikiwatasi, un plateau représenté planche 6, lettre A.

Fikidemono, sabre monté, pour le fiancé.

Fira-sara, petite écuelle, plate et ronde.

Firi-soei-mono, une certaine soupe.

Firo-bouta, un plateau vernissé.

Fisi-aja, étoffe à fond aja. Voyez n° 19.

Fi-tori, double terrine à feu.

Fits-day, boîte pour des pinceaux.

Fits-ouka, boîte à cannelures.

Foude-tada, cornet pour les pinceaux.

Foumi-fako, boîte pour des lettres ordinaires.

Founa-mori, un homar imité.

Fouro, un lavoir.

Fousi-fako, boîte avec une poudre blanche.

Fokai, boîte avec des gâteaux de riz étuvé.

Fonzen, un ais ou support ainsi nommé.

Fosio, sorte de papier.

Gilams, étoffes de soie.

Go, manière de plier le papier.

Gobo, des carottes noires.

Gomame, espèce de sardines.

Goma-sjo, mélange de sel et de la semence goma.

Gin-ban, petite lame de verre de Moscovie.

Itjé-no-tana, la première planche.

Itsib, monnaie d'or et d'argent.

Jusouri-fa, feuille d'un certain arbre.

Izjo, la fin.

Kagami-motie, gâteau déposé dans le toko. Planche 1, lettre B.

Kaje-obi, jouet de femme. Planche 3, lettre Cc.

Kai-tori, manière de lever la queue d'une robe.

Kalambak, bois aromatique.

Kami-simo, vêtement de cérémonie de l'homme.

Kanboa, de la lentille marine.

Kani-siak, mesure de charpentier, etc.

Kasounoko, frai de poisson.

Kawa-i-i, caisse envoyée aux proches parens qui n'ont point assisté aux noces.

Kenbio, petit couvercle de pierre.

Kinofari, des épingles longues.

Koban, monnaie; il y en a en or et en argent.

Kobasi, de petites pincettes.

Kobou, sangsue de roc, fraîche.

Koumi-sin, boîte à friandises.

Koura-soumi, frai de poisson.

Kouro-dana, table de toilette. Planche 9, lettre B.

Kousira siak, mesure pour tout ce qui est travaillé au métier.

Kouivaje, verser du zakki d'un vase dans l'autre.

Kogak, petit plat de bois.

Konnemon, concombre confit dans le marc de zakki.

Koro, terrine à feu.

Kotto, espèce de harpe.

Kommelmaas , le dos séché du poisson boniet.

Maas , une monnaie.

Maibajasi , jouer de toute sorte d'instrumens de musique.

Majon-faké , petite houpe de plumes.

Maki-kami , sorte de papier.

Mamé-ita , monnaie d'argent.

Mamouri. Voyez l'explication, § 47.

Mamouri-gatana. Voyez l'explication, § 22.

Mekan-no-ki , l'oranger.

Mino-kami , sorte de papier.

Miso , de petites fèves dont on fait de la soupe.

Misou-tsougi , pot à eau.

Mizousi , table de toilette. Planche 9, lettre A.

Moto-i-fako , boîte pour des cordons à nouer les cheveux.

Moto-iwi , cordon.

Motrok , liste des présens.

Motsi , des gâteaux.

Motsi-gome , du riz de gâteaux, étuvé.

Nagajé-tjosi , petit chaudron à zakki, d'une forme particulière.

Naga-foumi-fako , boîte pour des lettres oblongues.

Nagamouts , une malle.

Namasou, apprêts sur le plateau fonzen.

Ni-no-tana, la seconde planche.

Nobé-kami, sorte de papier.

Norimon, chaise à porteur.

Nosi, sangsue de roc, sèche.

Oumébos, des prunes salées.

Pélang, étoffe de soie.

Quansin-jori, certain cordon blanc.

Sagé-kami, queue de cheveux, plate.

Sagi-wafies, des carrés croisés double.

Samsi, espèce de guitare.

Sanbo, certain plat dans la chambre à coucher.

San-no-tana, la troisième planche.

Santok, portefeuille.

Sepickes, monnaie de cuivre, avec un petit trou carré au centre.

Si-no-tana, la quatrième planche.

Sigi-famori, beccassine imitée.

Siki-si, papier carré coloré.

Sima, petite souche nommée sima ou île.

Sin, manière de plier le papier.

Siodana, le secrétaire. Voy. pl. 9, lettre C.

Siro-moto-i, mince cordon blanc à lier les cheveux.

Sougi fara, sorte de papier.

Sougi rokban, un damier.

Soei-mono, différentes sortes de soupes.

Sousous, espèce de théières ou de carafons pour verser le zakki.

Sojé-no-kasa, petite gamelle.

Solimono, poisson coupé très-fin.

Soni, soupe de ce nom.

Tabacco-bon, boîte contenant tout ce qu'il faut pour fumer.

Taba-nosi, de grosses touffes de nosi.

Taka-mori, manière d'entasser le riz.

Take-naga, sorte de papier.

Taki-mono, mélange d'épiceries odoriférantes.

Tans, un tiroir ordinaire.

Tansak, du papier de couleur.

Tansak-fako, boîte pour ce papier.

Taka-no-asigai, petite lanière à la patte d'un faucon.

Tapies, chaussons de toile blanche.

Tatse-kouri, ou gomme, espèce de sardine.

Tatsi-bana, le citronnier.

Tatsi-ori-kame, la liste du sabre pour le fiancé.

Tatami-souri, un plat rond, nommé proprement glisseur à nattes.

Tékaké, plateau. Voyez planche 6, lettre B.

Tiosi-fisage, petit chaudron à zakki.

Tobi-no-o, queue d'un milan.

Tripangs, plante marine qui sert, en guise de morilles, de champignons, etc.

Tsou-no-tarai, petite cuve à eau.

Tsoursiba, nom d'un arbre.

Warabinawa, grosse corde noire.

Wousou-ita, le fond du plat sur lequel on présente le konnemon.

Woutje-awasi-motie, de petits gâteaux de riz cuit.

Woetje-kaki, vêtement de cérémonie de la femme.

Zakki, sorte de bière forte, boisson ordinaire au Japon.

Zeni. Voyez *Sepickes*.

Zinrak, du thé verd moulu.

Zo, manière de plier le papier.

Zousouri-fako, la boîte de l'encrier.

Zosi, des livres et manuscrits.

Zosi-no-fan, une variété d'ouvrages et de manuscrits.

Zoeramé, du chat marin, certaine plante marine.

FIN DE LA DESCRIPTION
DES MARIAGES.

DESCRIPTION

DES

FUNÉRAILLES
DES JAPONAIS

ET

DES CÉRÉMONIES RELIGIEUSES

USITÉES EN CES OCCASIONS.

8

INTRODUCTION

DES FUNÉRAILLES.

Si les Japonais, pour tout ce qui a rapport aux cérémonies des mariages, même entre les fermiers, les artisans et les marchands, s'astreignent à des règles d'étiquette aussi nombreuses que celles qui viennent d'être détaillées dans la première partie de ce volume, on ne s'étonnera pas que tout ce qui est relatif aux funérailles soit soumis à un très-long cérémonial, dont chaque partie est précisée avec une exactitude scrupuleuse.

On suit ordinairement au Japon, pour les obsèques, les coutumes des Chinois, dont on trouve la description dans un ouvrage en deux volumes, intitulé : *Deux Cérémonies funèbres, expliquées pour l'instruction de la jeunesse.*

8.

Le premier volume contient un détail de ce qui est à observer aux funérailles.

Le second, la description des fêtes en l'honneur des dieux, célébrées dans ces occasions.

Les Japonais ne se conforment point exactément aux règles prescrites par cet ouvrage, surtout à Nangasaki, dont les habitans sont censés être dégénérés par leurs liaisons avec des étrangers. La fréquentation des étrangers est presque en horreur dans le reste du Japon; lorsque dans mes voyages à la cour je passai par Saganosta et par quelques hameaux qui en dépendent, personne de ma suite ne put obtenir ni feu, ni thé, ni la moindre chose qui lui fût nécessaire. Il ne sera donc pas hors de saison, avant de passer à la traduction des deux ouvrages chinois, sur les cérémonies des funérailles, de donner un détail de ce qui se pratique ordinairement à Nangasaki, à la mort d'un père ou d'une mère de famille. J'observerai, en même temps, que, suivant l'usage établi en ce pays, un Japonais qui n'a point de fils, adopte l'enfant d'un ami, qui alors est censé être son propre fils, et jouit de tous les droits qui sont attachés à cette qualité; une pareille adoption a lieu, même entre ceux qui ont beaucoup d'enfans : ainsi, N, par exemple, donne une fille en mariage à un fils de M, qui alors succède à l'emploi de N, en attendant que son fils soit adopté par un autre à qui il succède également. Cet usage forme la base de liaisons plus solides et de soutiens permanens d'un intérêt mutuel; il exerce une influence majeure sur les liens de la société.

Il y a deux sortes de funérailles. Le *doso* consiste à enterrer le corps, et le *quaso* à le livrer aux flammes.

La plupart des Japonais, soit en bonne santé, soit dans le cours d'une maladie grave, indiquent à leur héritier ou à un ami intime la manière dont ils désirent qu'on dispose d'eux après leur mort. Voici les cérémonies du *doso*, ou simple inhumation.

Les gens de qualité gardent le corps ordinairement pendant deux fois vingt-quatre heures. Ceux d'une moindre classe, depuis le fermier jusqu'au portefaix, l'enterrent dès le lendemain; aussi ne sont-ils point obligés à porter le deuil : quelques uns cependant parmi eux le portent deux, trois ou plusieurs jours; mais, pour les premiers, le temps de porter le deuil est fixé; autrefois, il étoit de cent jours, ce qui a été réduit, par Minamotto-no-

Jéjé-Jasoa, premier Ziogoen de la dynastie régnante, à cinquante jours, afin de moins déranger les fonctionnaires publics. Bingo, gouverneur fort détesté, réduisit le temps du deuil, pour tous ceux employés à Désima, et sur l'île des Chinois, à trente-cinq jours, afin que les affaires souffrissent moins de délai.

Ceux qui portent le deuil sont obligés de rester chez eux pendant cinquante jours, et de s'abstenir de viande, de poisson, de volaille et de tout ce qui a vécu, n'ayant pour aliment que du riz, des végétaux et des fruits.

Quoique le gouverneur Bingo ait réduit le temps du deuil à trente-cinq jours, ce terme n'est pas de rigueur; on se rend bien, à la vérité, le trente-cinquième jour au gouvernement pour s'informer de la santé du gouverneur; mais lorsqu'on respecte les ordres du Ziogoen et les usages de Siaka, on prétexte une indisposition en rentrant chez soi, et on vit encore, pendant quinze jours, de fruits, de riz et de légumes.

Avant de conduire le corps au tombeau, les Japonais se rasent la tête, et se coupent les ongles des mains et des pieds, ce qui ne leur est pas permis pendant le temps du deuil. Ils font de même le cinquante-unième

jour. Dans tout autre temps on ne peut pas
,couper les ongles des mains et des pieds dans
le même jour; on croit la simultanéité de cette
opération d'un mauvais augure.

Dans la classe inférieure , un *kami-simo* de
toile de chanvre est le vêtement de cérémonie
de ceux qui portent le corps. Dans les classes
supérieures , le *kami - simo* des porteurs est
d'une étoffe de pourpre clair, nommée *fabita :*
le fils porte un chapeau transparent , fait de
joncs , qui lui pend , comme une corbeille ,
de la tête sur les épaules ; ainsi vêtu , il ne
salue personne. Si le gouverneur ou l'un des
officiers de la ville venoit à se trouver sur la
route au moment où passe le convoi , on se reti-
reroit de côté pour leur dérober la vue de ce
lugubre spectacle.

Après les cinquante jours de deuil , les Japonais peuvent se rendre aux temples de Siaka ;
mais pendant douze mois l'entrée des temples
des Sintos leur est interdite, puisque, suivant
cette doctrine, ils sont censés impurs pendant
un an.

Il y a cinq sectes dont on suit les usages
dans les enterremens ; savoir : celle de Siodosiu,
d'Ikosio, de Fokésio , de Sensiu et de Fen
daysiu. Ceux qui sont attachés à la première

sont enterrés avec le *mitsi-nenbouts;* ce qui veut dire que pendant le temps que le corps est conduit au temple, les prêtres frappent sur des clochettes, et lisent des cantiques à haute voix. Le même usage n'est pas observé par les quatre autres sectes : dans le premier cas, le cortége est formé par :

1°. Les *kiatats*, deux porteurs de tréteaux pour y poser la bière lorsqu'on est arrivé au temple.

2°. Un *métoday*, ou avant-coureur, avec une large botte de paille pour en faire des torches qui éclairent le chemin pendant la nuit. C'est plutôt un objet de cérémonial que d'utilité, puisqu'aux funérailles qui se font dans la nuit, on se sert de lanternes ; la paille est entourée d'un cordon de papier blanc.

3°. Six drapeaux.

4°. Quatre petites caisses blanches, à peu près d'un pied de haut, et d'un tiers en carré, contenant chacune une fleur de tratté ou de nénuphar de papier blanc.

5°. Le *Sioko*, petite caisse pour brûler de l'encens.

6°. L'*Ifay*, tablette oblongue sur laquelle sont écrits le temps de la mort et le nom que l'on donne alors au défunt.

7°. Des prêtres frappant des clochettes, et lisant des cantiques à haute voix.

8°. Le *Quan*, ou la bière.

9°. *Le fils aîné.*

10°. *La famille.*

11°. Les amis intimes du défunt, ses collègues, ses connoissances et ses domestiques, hommes et femmes.

12°. Les norimons ou chaises à porteurs : dans le premier se trouve la fille aînée, la femme, la sœur cadette, ou la plus proche parente du défunt; ensuite viennent les autres femmes de la famille, et enfin les femmes de ses amis. Les norimons de la famille sont distingués par une petite pièce de toile blanche, signe de parenté qu'on ne met point sur les autres.

Les ascendans et les aînés n'assistent jamais aux funérailles des parens d'un degré inférieur : par exemple, si le second fils vient à mourir, le père, la mère, l'oncle, la tante, le fils aîné ni la fille aînée ne suivent point le corps.

Les corps des personnes d'un certain rang sont portés par leurs gens; ceux d'une moindre classe, par des porteurs publics, qui, de même que tous les autres porteurs employés à l'enterrement, sont vêtus d'un *kami-simo* blanc, et ont le sabre au côté.

Ceux qui précèdent avec les tréteaux et la botte de paille, ont une sorte de chemise blanche par-dessus leurs vêtemens.

Le fils aîné et ses frères sont vêtus de blanc, et ont un manteau blanc de cérémonie pardessus, mais sans armoiries; les autres parens sont vêtus de leurs habits ordinaires.

Les femmes qui assistent aux funérailles, tant parentes qu'amies, sont toutes vêtues de blanc; leurs cheveux sont attachés seulement par un peigne, sans le moindre ornement.

Dès que le *Quan* ou la bière est arrivé au temple où les prêtres se trouvent déjà assemblés, on le pose devant l'image du dieu; aussitôt les prêtres commencent à lire des cantiques; on place l'*Ifay* devant le *Quan*, et devant l'*Ifay* quelques plats de sucreries, de poires et de fleurs, et plus en avant le *Sioko* ou la petite caisse à brûler de l'encens.

Le fils aîné s'avance devant l'*Ifay* posé devant le *Quan*, y fait ses prières, et brûle quelque encens; lorsqu'il est revenu à sa place, tous les parens et amis en font de même tour à tour.

Les prêtres ayant passé environ une demi-heure à lire des cantiques, l'on frappe sur des clochettes et des tambours; les jamabos font sonner des trompettes, les komsos des flûtes; alors les prêtres se rangent ainsi :

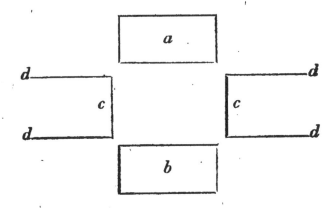

a. Le *Quan*, ou la bière.

b. Le grand-prêtre du temple.

c. c. Les prêtres subalternes.

d. d. d. d. Des prêtres d'autres temples.

Après avoir lu un cantique dans cette position, on prend et on porte au tombeau la bière, qui est escortée de tous les parens et amis du défunt.

Dès que le cantique est fini, les femmes, les collègues du défunt et ses connoissances retournent chez eux, et sont complimentés à la porte du temple par les parens du défunt, qui s'y tenoient dans ce dessein.

Après leur départ, les parens hâtent leur marche vers le tombeau où, en attendant leur arrivée, un prêtre lisoit quelques cantiques.

Après leur arrivée, la cuve dans laquelle se trouve le corps est sortie de sa bière, et posée dans le tombeau, qui ensuite est comblé de terre, recouvert d'une pierre plate qui est elle-même couverte de terre ; ensuite on y place la caisse extérieure, ou le *Quan*, qu'on enlève après sept semaines pour être remplacé par le *sisek*, ou la pierre de tombe, préparée pendant ce temps.

Ces détails sont suffisans pour ce qui se pratique à Nangasaki, par rapport au *doso* ou à l'enterrement.

Lorsque le défunt a préféré le *Quaso*, c'est-à-dire, d'être consumé sur un bûcher, cette cérémonie a lieu au sommet d'une des deux montagnes Kasougasira et Fondési-jama ; la première est au sud-est, l'autre au nord de la ville.

On trouve sur chacune de ces montagnes une maisonnette nommée *Okoubo*, de deux ikies et demi en carré, ou de dix-huit pieds cinq pouces, mesure du Rhin, chaque ikie étant de six pieds, grande mesure, et chaque pied de dix pouces japonais, ou de quatorze pouces neuf lignes des nôtres ; dans le haut, il y a une petite fenêtre, et une porte du côté du chemin.

Le *Quan* est porté avant, avec toutes les
cérémonies détaillées ci-dessus, au temple
où, après la lecture du dernier cantique, il
est enlevé par des porteurs, et conduit à
l'*Okoubo*, suivi par les parens et les amis.

Au centre de cette maisonnette est un large
conduit de pierre de taille; en dehors de la
porte la cuve est enlevée du *Quan* par les gens
du défunt ou par les porteurs, et placée sur
ce conduit; les *Ombos*, espèce de gens un peu
au-dessus des mendians, y entretiennent un
grand feu avec des tisons, jusqu'à ce que le
corps soit consumé.

Chacun d'eux a deux bâtons de bambou avec
lesquels il retire les os des cendres.

Le premier os est enlevé par deux des
Ombos, avec quatre bâtons, ce qui s'appelle
Alibasami, ou soulever des côtés opposés.
C'est à cause de cela que deux personnes ne
prendront jamais simultanément quelque mets
que ce soit avec leurs batonnets à manger; ce
seroit un indice de malheur.

Les *Ombos* présentent cet os, avec leurs
quatre bâtons, au fils aîné ou au plus proche
parent qui, ayant près de lui une urne de terre,
prend l'os de la main droite, et le met dans
l'urne; les autres os sont rassemblés par les

domestiques ou par les porteurs, et versés avec les cendres dans l'urne, dont on ferme l'embouchure avec du plâtre.

Pendant que le corps se consume, un prêtre lit des cantiques; les amis sont en dehors de l'*Okoubo* sur le chemin.

Ensuite les porteurs enlèvent l'urne, et la portent sur les mains au tombeau, où l'on porte de même les fleurs, le *Sioko* et le *Quan;* mais on jette les pavillons et les lanternes, ou on les donne à des mendians.

Les parens, les amis, et le prêtre qui lit des cantiques, suivent l'urne au tombeau, où elle est placée immédiatement; on la couvre de terre, sur laquelle on met une dalle de pierre, qu'on couvre aussi de terre, et après l'avoir bien battue et applanie, on y place le *Quan* qui est enlevé après quarante-neuf jours, et remplacé par le *sisek*.

Des gens comme il faut, et de riches marchands, font construire un corps-de-garde près du tombeau, où se tient un valet qui écrit les noms de tous ceux qui y viennent faire leurs prières, et dont la présence sert aussi à empêcher que le *Quan* et le reste ne soit volé dans le cours des sept semaines. (*Voyez la planche douzième.*) Ce laps de temps une fois écoulé, le fils aîné, ou le plus proche parent, va faire un compliment de remercîment à chacune des personnes notées sur la liste du serviteur.

Parmi les principaux employés et les commis subalternes, il s'en trouve plusieurs qui, si leur père vient à mourir subitement, l'enterrent la même nuit, ou la nuit d'après, ce qui se fait alors en cachette. On nettoye le corps aussitôt ; on le fait entrer dans une cuve, et l'on remplit l'espace vide par de petits sacs pleins de feuilles de l'arbre *Tana-siba ;* on cloue ensuite l'ouverture, et on entoure la cuve de cordes de paille : si des gens de qualité en agissent ainsi, l'espace est rempli de cinabre, ce qui fait que le corps ne tombe point en putréfaction.

On place ensuite la cuve dans un norimon, qui est porté au temple par des domestiques ou par des porte-faix : le fils, les parens et les amis du défunt, vêtus de leurs habits ordinaires, et sans *kami-simo*, accompagnent le corps. Le cortége est éclairé par des lanternes ordinaires. A l'arrivée au temple, les prêtres lisent quelques cantiques, puis la cuve est portée au tombeau et couverte de terre ; chacun retourne chez soi. Il faut, lorsqu'on adopte un genre d'enterrement d'une nature si clandestine qu'on n'en donne même pas avis au gouvernement, tenir sa porte ouverte, et vivre comme à son ordinaire.

Le fils déclare ensuite au gouverneur que son père est dangereusement indisposé, qu'il ne peut plus vaquer à son emploi, et le prie de l'en démettre. Le gouverneur le fait venir, lui accorde la démission de son père, et lui donne son emploi. Après une dixaine de jours il annonce au gouverneur la mort de son père; après quoi les funérailles sont faites publiquement, quoique l'enterrement du père ait eu lieu la nuit de sa mort, ou la nuit d'après.

Il est permis à Nangasaki de manger et de se baigner immédiatement après la mort d'un de ses parens; mais on s'abstient de viande et de poisson, et l'on ne mange que des légumes, pour l'apprêt et la cuisson desquels il est permis de faire du feu. Un des parens ou des domestiques dort à côté du corps, ou dans la chambre voisine.

Les personnes de la classe moyenne n'ont point recours, comme les Chinois, aux officiers que ceux-ci nomment le *Goso*, le *Zuvin*, le *Sisio* et le *Siqua*. On prie quelques parens ou amis intimes de pourvoir à tout, et de commander ce qui est nécessaire pour les funérailles, comme les pavillons, les fleurs, les lanternes, la cuve, le *quan*, les tréteaux, etc. ou bien on charge un domestique de confiance de tout cela. Les trois derniers objets sont apprêtés chez un tonnelier.

On a soin d'avoir un *kami-simo* grisâtre d'une toile grossière de chanvre, sans armoiries, et nommé pour les funérailles, *mofoukou*; on la porte pendant cinquante jours.

Il faut pour les funérailles,

1°. La cuve pour le corps, ordinairement haute de 3 pieds japonais, d'un diamètre de 2 pieds et demi dans le haut, de 2 pieds dans le bas, et faite pour des gens de qualité, d'un bois fort épais et durable; pour ceux d'une moindre classe, d'un bois ordinaire. On la nomme *quan-oké*.

2°. Le *Quan*, ou bière extérieure, est carré, oblong, fait de planches minces et blanches, avec un toit oblique, montant en forme d'arche, et pointu en haut; le sommet est décoré d'un croissant à chaque extrémité; le panneau de devant est sculpté d'images, de fleurs ou d'autres ornemens. Parmi le peuple,

9

cette caisse n'est pas faite de bois, mais d'une espèce de carton blanc.

3°. Le *Sisek* ou la pierre de tombe qu'on érige sur le tombeau sept semaines après l'enterrement, en ôtant le *Quan*.

4°. Le *Kio-katabera* décrit plus loin.

5°. Le *Kami-simo* décrit plus loin.

6°. Des essuie-mains neufs pour essuyer le corps après qu'il a été lavé, et avant de le vêtir du *Kio-katabera*.

Chez les personnes de la classe moyenne on commande à un tonnelier deux *Ifays* d'un bois blanc et mince, qui sont envoyés avec les pavillons au temple, et rapportés après que les inscriptions nécessaires y ont été mises par un prêtre. L'un des *Ifays* sert à l'enterrement, est placé devant le *Quan*, et à l'expiration de cinquante jours, brûlé avec la bière ou donné aux mendians.

L'autre *Ifay* reste à la maison du défunt dans le plus bel appartement; on place devant des sucreries, des fruits et du thé, et on lui offre le matin, à midi et le soir quelques alimens dans de petites jattes sur un plateau à support, ce qu'on nomme *lio-gou*. Deux bougies placées sur des chandeliers y brûlent nuit et jour, et l'on suspend des deux côtés une lanterne allumée. Tous ceux de la maison, tant hommes que femmes, maîtres et domestiques, y viennent prier matin et soir. Le domestique ou la servante présente la table avec les mets, fait chaque fois une courte prière ; cela continue ainsi pendant sept semaines, ou quarante-neuf jours.

Chaque semaine, à partir du jour de la mort, on fait venir un prêtre qui, dans la nuit et dans la matinée du lendemain, lit pendant une heure des cantiques devant l'*Ifay;* on le régale chaque fois, et on lui donne de l'argent pour la valeur de cinq à six *maas;* cela continue pendant sept semaines.

Dans la troisième, quatrième ou cinquième semaine, on visite les parens, les amis et le prêtre du temple près duquel le corps a été enterré; après la lecture de quelques cantiques, ils sont régalés de *zakki*, et de plusieurs mets où il ne doit entrer ni viande ni poisson; ce festin est nommé *fozi.*

Pendant ces sept semaines le fils se rend chaque jour, quelque mauvais temps qu'il fasse, dans son *mofoukou* au temple, et fait une prière près du tombeau. La pluie la plus forte, l'orage le plus violent ne peuvent l'em-

9.

pêcher de remplir ce devoir. En chemin il
a sur la tête une sorte de panier de jonc qui
lui descend jusqu'aux épaules, et par lequel
il peut voir sans être vu, afin de ne pas être
obligé de saluer en rencontrant des connoissances. Ni lui ni ses gens ne peuvent,
pendant tout ce temps, se faire raser ni se
couper les ongles. A l'exception de cette
visite au temple, le fils reste chez lui, porte
close, et s'abstient de viande et de poisson.

Les sept semaines expirées, il a la liberté
de se raser et de se couper les ongles ; il
quitte alors ses habits de deuil, ouvre la
porte de la maison, et, vêtu comme de coutume, va informer le gouvernement que le
temps de son deuil est passé. Il va ensuite
faire un compliment à chacun de ceux qui
ont assisté aux funérailles, et qui sont venus
prier près du tombeau, après quoi il leur
envoie un *kawa-i* ou petite caisse remplie de
motsi-gome, ou de riz étuvé propre à faire
des gâteaux.

Après les sept semaines on a deux autres
Ifays, vernissés en noir et superbement dorés ;
sur le derrière sont exprimés en lettres d'or
le *Nengo*, l'année, le mois et le jour de la
mort ; ceci est nommé *Foanmen*. Un de ces

Ifays est envoyé au temple, et y est gardé par les prêtres, l'autre reste à la maison dans le petit temple que chaque Japonais, depuis le plus distingué jusqu'au plus pauvre, a dans son appartement, et près duquel il fait le matin et le soir sa prière, et brûle une lampe. Chaque mois, au jour de la mort de ses ancêtres, on place pendant cinquante, et même jusqu'à cent ans, devant son *Ifay*, une petite table avec des mets, des sucreries et des fruits, et chaque matin devant le dieu de ce temple, une jatte avec du ris bouilli, et une autre avec du thé.

Cent jours après la mort du père ou de la mère, le fils invite de nouveau ses parens, ses amis intimes et le prêtre dont il a été assisté, et leur fait prendre un bon repas après la lecture de quelques cantiques. Ce festin a aussi le nom de *fozi ;* on le renouvelle un an après, au jour de la mort, et ensuite la troisième, la septième, la treizième, la vingt-cinquième, la trente-troisième, la cinquantième, la centième et la cent-cinquantième année, au jour de la mort du premier ancêtre, ce qui se continue même aussi long-temps que la famille existe.

Pour se former une idée plus claire de

tout ce qui est dit ci-dessus, j'ai fait faire deux dessins de funérailles, où les personnages sont indiqués par des numéros suivis de courtes explications.

Le premier dessin représente les funérailles d'un employé de distinction suivant la manière des quatre autres sectes de Siaka dans l'ordre qui suit : (*Voy. la planche treizième.*)

N° 1. Les *Kiatats*, ou tréteaux sur lesquels repose la bière à son arrivée au temple.

2. Le *Méto-day* avec la botte de paille pour éclairer le chemin dans la nuit; elle ne sert que pour la forme, puisqu'alors on prend des lanternes. Il est suivi de deux serviteurs du défunt : Le *kami-simo* de tous ses gens présente l'écusson de ses armes; car au Japon on fait porter ses armoiries à tous ses domestiques.

3. L'*Obata*, ou grand pavillon, inscrit du nom de *Siaka*, d'*Amida*, etc. ou pour ceux qui suivent la doctrine de la secte *fakésjo*, inscrit du titre d'un cantique.

Après eux viennent deux serviteurs.

4. Les *Rengées*; deux fleurs de *tratté* ou de lotus (*Nymphœa Nelumbo*) en papier blanc. Cette fleur est censée la plus pure, comme n'étant point souillée par le contact des eaux vaseuses qui entretiennent sa fraîcheur sans altérer son éclat.

5. Les *Ko-bata*; quatre moindres pavillons inscrits de sentences morales des anciens temps.

Deux serviteurs.

6. Les *Foro*; quatre lanternes où l'on allume des chandelles, même en plein jour.

7. Deux serviteurs du défunt, qui ne l'ont pas quitté durant sa vie.

8. Deux pots avec des fleurs de papier blanc, dont le premier contient la *rengée*, ou fleur du *tratté*, et l'autre le *kikou-no-fana*, ou la fleur de la *matricaire*.

9. Le *Sioko*, ou la caisse d'encens, que l'on brûle sur la route; elle reste pendant sept semaines, avec les deux pots de fleurs, devant l'*Ifay* sur le tombeau; chacun de ceux qui viennent faire des prières y met

une petite bougie de senteur allumée, qu'on nomme *sinko.*

10. Le porteur de l'*Ifay.* C'est ordinairement un enfant.

11. Ses serviteurs. (*Voy. la planche quatorzième.*)

12. Un prêtre avec son chapelet; on le représente en silence. Si les funérailles se font suivant la doctrine de la secte *siodosju*, et qu'on lise des cantiques sur la route, il a un livre à la main : il sert comme de guide au défunt.

13. Un jeune prêtre, ou aspirant, ayant à la main un petit vase oblong, dans lequel le prêtre jette quelqu'encens à son arrivée au temple.

14. Le serviteur du prêtre avec une boîte où sont les livres de cantiques.

15. Deux serviteurs du défunt.

16. Son deuxième fils.

17. Les porteurs.

18. Le *Quan*, ou la bière.

19. Le *Tengay*, ou le parasol.

20. La petite planche inscrite du nom qu'on donne au *Quan*, comme : clarté passagère, vile lumière, ou quelqu'autre expression symbolique.

21. Deux valets pour tenir la route libre, et
pour chasser les chiens et les chats.

22. Le *ato-tsougi*, l'héritier, ou fils aîné.

23. Les proches parens qui seuls sont vêtus
de *kami-simos* blancs.

24. Leurs gens.

25. Le *Geigua* ou chirurgien. Les personnes de cette profession ne se
rasent point la tête.

26. Les amis intimes et les connoissances.
(*Voyez la planche quinziéme.*)

27. L'*Isja* ou médecin. Les personnes de
cette profession se rasent la tête
comme les prêtres.

28. Le *Fari-outsi*, ou le piqueur avec l'aiguille. *Fari* signifie aiguille , *outsi*
frapper. On avoit , dans l'ancien
temps , la coutume d'introduire
l'aiguille dans le corps à petits coups
de marteau ; quoiqu'en ce temps-ci
cela se fasse avec le doigt, l'expression en est restée. Cette opération
sera décrite dans mes autres manuscrits.

29. Des spectateurs ; ceux vêtus de *kami-
simos* sont des employés ; les autres
sont des bourgeois , des marchands ,
etc.

3o. Le *norimon*, de la femme, de la fille, de la sœur cadette, ou de quelqu'autre parente dans la ligne descendante. Ceux qui sont plus élevés en parenté que le défunt, n'accompagnent jamais le convoi, comme il est dit ci-dessus. Leurs *norimons* sont couverts d'une petite pièce de toile blanche, et leurs femmes sont vêtues d'un *siro-moukou* ou robe blanche de deuil, ainsi que leurs maîtresses, qui ont chacune un serviteur à leur suite.

31. Le *norimon* d'une des amies du défunt, vêtue, ainsi que ses femmes, de ses habits ordinaires : aussi l'on ne voit point de toile blanche sur son *norimon*.

Ensuite il se trouve beaucoup de monde qui vient voir le cortége.

L'autre dessin représente le convoi du gouverneur de Nangasaki, *Foutjeja Sourougano-kami*, nommé après sa mort *Mitswoun-in; Siutakf Fizin Daykosi*, mort le 10 de *gognats* de la quatrième année du *Nengo-Tenmio*, ou le 27 de juin, et enterré le 19 du même mois, ou le 6 juillet 1784, près du temple *Zuntoksi*. (*Voyez la planche seizième.*)

N° 1. Deux serviteurs, chacun avec une botte de roseaux secs.

2. L'*Obata* ou grand pavillon.

3 et 4. Quatre petits pavillons, portés comme le précédent, par des *Banjos*, gentilshommes du gouverneur.

5. Deux porteurs de lanternes.

6. Un quartenier supérieur, pour indiquer la route.

7 et 8. Des *banjos* subalternes.

9 et 10. Des gardes - de - corps subalternes.

11 et 12. Deux porteurs de lanternes.

13, 14 et 15. Des gardes-de-corps subalternes.

16 et 17. Deux porteurs de lanternes.

18. Un *banjos* supérieur.

19 et 20. Deux porteurs de lanternes.

21. Le second secrétaire.

22. Un quartenier supérieur.

23 et 24. Deux porteurs de lanternes.

25 et 26. Des *banjos* supérieurs.

27 et 28. Deux porteurs de lanternes.

29 et 30. Deux gardes-de-corps supérieurs, chacun avec un vase à brûler de l'encens.

31. Deux gardes de-corps supérieurs, chacun avec un chandelier à la main.

32. Deux autres, ayant dans la main une petite tasse de thé. (*Voy. la planche dix-septième.*)

33. La petite caisse pour brûler du kalambak.

34. Des prêtres subalternes.

35. Un garde-de-corps supérieur, portant l'*ifay*.

36. Deux porteurs de lanternes.

37. Le grand-prêtre du temple *Zuntoksi*.

38. Une fleur de *tratté*, en papier blanc.

39. Deux *Fassambakos*, ou petites malles de voyage, couvertes de toile blanche.

40. Deux porteurs de lanternes.

41 et 42. Des gardes-de-corps subalternes.

43. Le *Quan* porté par les porteurs du *norimon* du défunt, tous vêtus en blanc.

44. Des gardes-de-corps subalternes.

45, 46 et 47. Les porteurs de la pique, de de la canne et du parasol à long manche, qui faisoient partie de la suite du gouverneur pendant sa vie.

48. Un *fassambak* ou *fasami-fuko*.

49 et 50. Deux palfreniers. (*Voy. la planche dix-huitième.*)

51. Le cheval du gouverneur, la selle, la queue et la bride enveloppées de toile blanche.

52. Le sabre à long manche.

53. Deux inspecteurs du cortége.

54. Le médecin du gouverneur.

55. Ses gens.

56. Son porteur de pantoufles.

57. Les officiers municipaux de Nangasaki, les surintendans de commerce, les interprètes des Hollandais et des Chinois, depuis le premier, jusqu'au dernier ordre, les employés de la trésorerie, des quarteniers, des médecins, des chirurgiens, des piqueurs d'aiguille, quelques principaux habitans et marchands. (La foule de grand et petit peuple fut immense, le gouverneur étant chéri de tout le monde pour ses bonnes qualités.)

58. Le premier secrétaire qui ferme le cortége.

59. Ses gens.

60. Son parasol à long manche.

61. Sa pique.

62. Son porteur de pantoufles.

63. Le *fasami-fako*.

64. Son cheval. (*Voyez la planche dix-neuvième.*)

65. Le *Sisek* ou la pierre de tombe,

. haute dè douze pieds et demi , mesure japonaise.

66 et 67. Deux lanternes en pierres.

68. Le *Sioko* , ou la caisse pour brûler de
l'encens.

69 et 70. Deux vases à fleurs.

71. Une petite table en pierre pour les
offrandes.

Ici l'on ne voit point de norimons de
femmes, puisqu'un gouverneur, à son départ
pour Nangasaki , est obligé de laisser son
épouse et son ménage à Iédo , l'entrée des
hôtels de l'administration ou du gouvernement
étant interdite aux femmes. Les gouverneurs
se dédommagent de cette privation par un vice
contre nature. Cet usage infâme est universellement reçu depuis le Ziogoen jusqu'au
moindre Japonais. J'ai vu souvent des jeunes
gens voués à ces débauches ; ils auroient pu
par la délicatesse des traits , les grâces ,
la tournure, le goût exquis des coiffures et
des toilettes , rivaliser avec les plus belles
femmes. Dans plusieurs des principales villes,
on trouve des maisons de garçons et des maisons de filles. Quoique les femmes soient
comme bannies des administrations et du
gouvernement , plusieurs des principaux offi-

ciers savent le moyen de passer, dans la nuit,
au-dessus des murs, pour s'amuser dans des
maisons publiques; mais ils ont soin d'être
bien travestis pour ne pas être reconnus.

Ce que je viens de dire doit suffire pour se
former une idée de la manière dont se font
les funérailles à Nangasaki. Ceux des Japonais
qui préfèrent se conformer davantage aux
usages des Chinois, suivent les règles établies
dans l'ouvrage dont j'ai parlé plus haut, et
dont j'offre ici la traduction.

FIN DE L'INTRODUCTION.

DESCRIPTION

DES

CÉRÉMONIES EN USAGE
AU JAPON
POUR LES FUNÉRAILLES.

———————

CHAPITRE PREMIER.

Lorsqu'un père ou une mère de famille
est attaqué d'une maladie grave ; lorsque
tout espoir de rétablissement est évanoui, et
que sa fin approche, on change ses vêtemens sales contre des habillemens propres.
Les hommes sont soignés par des hommes,
les femmes par des femmes ; ensuite l'on s'informe des dernières volontés du mourant; on
les met par écrit; tout se fait dans le plus
grand silence. Dès que le moribond a rendu
le dernier soupir, tous les parens pleurent sa
mort dans un maintien lugubre. Le corps est
porté à un autre endroit, et couvert d'un
voile (1), la tête tournée vers le nord, mais

———————

(1) Ce voile est la robe ordinaire, mais le corps en
est couvert à contre-sens. Le bas est placé sur la tête, les
manches sont sur les pieds.

10

le visage vers l'ouest; à l'entour on place des paravens (1), et on met une pièce de gaze sur la face, afin de ne pas l'empêcher de respirer et de revenir à la vie, si, contre toute apparence, il n'étoit qu'en léthargie.

Le fils ou le *Sozu*, qui succède à son père, en chinois *Mozu*, doit, ainsi que sa femme, ses enfans, ses frères et ses sœurs, démontrer, par son maintien et ses vêtemens, son affliction profonde. Ordinairement on ne relève pas ses cheveux; mais lorsqu'on le fait, on se sert d'un cordon de chanvre, et on les noue très-légèrement. Il n'est pas permis de se laver, ni de prendre des alimens pendant trois jours. Si l'on ne peut supporter un jeûne aussi long, ce sont vos amis ou vos connoissances qui viennent à votre secours, en vous présentant du *Kan-si*, ou du ris mou; ce sont eux que ce soin regarde, puisque Confoutsé dit, dans le *Li-ki*, qu'il n'est pas

---

(1) Cela se fait pour le garantir des chats. On prétend que lorsqu'un chat saute par dessus un corps, le mort ressuscite; que si alors on le frappe d'un balai, il retombe; mais que, frappé de tout autre chose, il n'en continue pas moins de *réexister*. C'est pour cette cause qu'il est sévèrement défendu de chasser les chats à coups de balai.

permis de faire, dans les trois jours qui suivent le décès, du feu à la maison d'un défunt : si l'on en a besoin, on le fait ailleurs ; ensuite on le porte à la maison mortuaire ; dans la nuit le *Sosu* et les autres parens se couchent sur des nattes près du corps.

CHAPITRE DEUXIÉME.

Il faut, aussitôt après le décès, désigner quatre personnes pour des emplois différens ; savoir :

1°. Le *Gozo*. Ce mot chinois indique l'homme habile dont on fait choix parmi ses parens ou ses amis pour avoir soin de tout ce qu'il faut pour les funérailles.

2°. Le *Zuvin*. L'homme qui reçoit les personnes qui viennent faire des visites de condoléance. Quand il se présente quelqu'un de considération, il en prévient le Sosu, qui, si c'est un ami, va à sa rencontre, et le salue simplement d'une inclination honnête, mais sans parler. Si ce n'est pas un ami, le Zuvin le reçoit.

A son départ, ce n'est pas le Sosu, mais le Zuvin qui l'accompagne.

3°. Le *Sizio*, l'homme dont l'office est de

10.

noter sur un livret tout ce qu'il faut
pour les funérailles, et les présens envoyés par les amis.

4°. Le *Siqua*, l'homme qui fait la liste des
monnaies d'or et d'argent, et des sepikkes de cuivre, de même que du riz
qu'il faudra aux funérailles.

On choisit pour ces emplois quatre personnes d'une exactitude et d'une prudence
reconnues. Si le Sosu n'étoit point secondé par
ces quatre personnes, il seroit troublé dans
ses méditations, par des distractions continuelles. Si, par une trop grande affliction,
lui-même ne les nomme pas, ses amis doivent
délibérer entre eux, et chacun, suivant ses
qualités, doit se charger de bonne grâce d'un
de ces emplois.

CHAPITRE TROISIÈME.

LE chapitre troisième contient tout ce qui
doit servir à l'arrangement des funérailles, et
aux offrandes en l'honneur des parens dé-
cédés, ainsi que l'appareil et les instrumens
qui doivent y servir, comme

1. La bière, nommée par les Chinois et par
les Japonais *Quan*, et décrite au chapitre suivant.

2. Le *Sinsu*, monument d'un bois dur. C'est une tablette inscrite du nom du défunt, et qui lui sert de marque d'honneur. Les Chinois et les Japonais l'érigent dans leurs maisons en mémoire de la mort de leurs parens. Au Japon, cette tablette se nomme généralement *Ifay*; la description se trouve au chapitre V.

3. Le *Sisek*, monument qu'on élève sur la fosse. (Voyez chapitre VI.)

4. Les *Kosodès*, les vêtemens de dessus et de dessous, avec les ceintures de dessus et de dessous, dont le premier s'appelle *Wouvei-obi*; l'autre le *Sita-obi*.

5. Le *Kami - simo*, ou vêtement de cérémonie complet; *kami* signifie *d'en-haut*, *simo*, *d'en-bas*; le manteau qui est sans manches, est appelé par les Japonais *kataginou*; les culottes *vakama*.

6. Les *Tapies*, des chaussons de toile, ou des espèces de souliers, avec des semelles fortes de coton.

7. L'*Ukata*, robe d'une toile fine; on la met en sortant du bain pour se sécher; on en a deux, ainsi que deux essuie-mains.

8. Le *Vekbokin*, pièce de soie pour couvrir le visage du défunt, de douze pouces japo-

nais en carré, double, avec du coton entre deux, et de petits rubans aux quatre bouts, pour l'attacher derrière la tête. Les Chinois se servent pour cela d'une étoffe noire avec une doublure rouge. Chez les Japonais, elle est de soie blanche.

9. L'*Aksukin*, pièce de soie blanche, double, remplie de coton, d'un pied deux pouces de longueur, avec de petits rubans aux quatre coins; on en a deux qui servent pour envelopper les mains.

10. Du *Zuuzi*, ou du coton purifié, pour remplir les oreilles.

11. Du *Mokjokgou*, ou des ustensiles pour laver le corps, comme des cuves, des seaux, etc.

12. Des *Falamis*, ou des nattes.

13. Des *Makous*, ou pavillons de toile blanche de chanvre.

14. Le *Tankin*, pièce de toile de chanvre, de cinq à six lés en largeur, et longue d'environ dix pieds, qui sert de courte-pointe au défunt, et dont la description suivra.

15. Le *Menkin*, à peu près égal au *Tankin;* c'est une couverture double de soie ou de toile, remplie de coton.

16. Le *Sanbouts*. Sous ce nom, trois choses sont comprises, savoir : de la chaux, du sable et de la terre rouge ; après qu'on les a tamisées et mêlées ensemble, on y verse de l'eau ou du zakki ; à trois cents gantings de chaux, on joint cent gantings de sable, et cent autres de terre rouge ; cette mixtion, ainsi que du charbon de bois très-fin, servent à faire autour du cercueil un enduit d'environ deux doigts d'épaisseur ; ce qui sera détaillé dans la suite.

17. Du *Tanmats*, ou du charbon de bois très-fin pour remplir le tombeau à l'entour de la bière.

18. Du *Drinko*, bois aromatique brûlé comme de l'encens.

19. Le *Kigou*. 20. Le *Kaivalaque*. — Le premier est une espèce d'assiette ou de petite table d'un bois blanc, non vernissé ni laqué : l'autre est une jatte de terre non vernissée, pour boire du zakki ; c'est l'appareil à manger du défunt. Après sa mort, on ne doit pas changer aussitôt d'habitude à son égard, mais lui offrir chaque jour une jatte des mets qu'il prenoit dans sa vie, ce qui est décrit amplement dans un ouvrage de morale des Chinois.

21. Le *Bosia ;* jatte plate, remplie de sable,

avec une petite botte de paille au-dessus,
nommée chez les Japonais, *kaja ;* on
l'arrose de zakki, ou de quelqu'autre boisson, et cela sert au défunt de sacrifice d'actions de grâces.

22. Le *Stougé*, ou la canne de bambou pour
le *Sosu ;* il tient le bout mince à la main,
et le gros bout en bas. Quelquefois cette
canne se fait du bois de l'arbre *kiri.*

Le *Goso* et le *Siqua* doivent avoir soin que
tout cela soit préparé d'avance pour les funérailles.

CHAPITRE QUATRIÈME.

Le *Quan* ou la bière, se fait de planches
d'if bien unies, chacune de l'épaisseur d'un
pied et deux pouces, attachées ensemble aux
quatre coins par de grosses chevilles d'un bois
dur, et non par des clous. Elle est en proportion du corps, de telle sorte que les jambes
puissent être étendues en ligne droite ; on
prend la largeur à proportion de celle des
épaules ; la profondeur, de façon que couché
sur le dos, il ne soit point pressé ; du côté
de la tête, elle est plus élevée et plus large ;
vers les pieds, elle se rétrécit insensiblement
et s'abaisse. On a soin qu'elle ne soit ni trop

large ni trop étroite, afin d'avoir la facilité d'y bien y empaqueter les *Kosodés*, le *Tankin* et le *Menkin*; ainsi il faut s'y prendre avec prudence et circonspection. Le couvercle est fermé de même de chevilles de bois ; des clous de fer feroient pourrir le bois par la rouille; le fond, tout à l'entour, est garni d'anneaux de fer, par lesquels on passe des cordes de chanvre pour pouvoir manier la bière plus facilement. Pour le couvercle, l'on suit communément l'usage ordinaire.

Comme la construction de cette bière dif-fère de beaucoup de celle qui est en usage en cet empire, où l'on n'en veut point employer à la façon des Chinois, on se sert, suivant l'usage général du Japon, d'une cuve ronde, ou d'une haute caisse carrée, dans laquelle le défunt puisse être placé à genoux; quelque-fois on fait cette caisse un peu oblongue pour faire pencher le défunt comme à moitié couché, un peu en arrière. Si l'on vouloit commander une pareille caisse à la mort d'un de ses parens, comme elle seroit d'un bois neuf et vert, elle ne prendroit pas facilement le vernis; c'est pour cela qu'on a soin, lors-que les parens avancent en âge, que la bière soit secrètement préparée, pour être vernissée à temps. On a vu autrefois des exemples que les parens ont vécu plus de soixante ans après que la caisse et l'autre appareil se sont trouvés disposés. Au surplus, on regarde comme essentiel que ces dispositions se fassent dans le plus grand secret.

Jadis, on enfermoit le cercueil dans un autre de planches minces, plus large de deux pouces, et plus élevé de sept à huit, muni d'un couvercle, mais sans fond, et nommé par les Chinois *Quay-kac*, ou séparation; il servoit à bien empaqueter le *Sanbouts*, comme l'on verra au chapitre X. On a parlé déjà du *Sanbouts* au précédent chapitre.

Quelques personnes font usage de bières doubles, remplissant l'espace entre celle de dehors et celle de dedans, de la résine fondue du sapin; la caisse extérieure est nommée *quak*. Les anciens disoient qu'elle étoit inutile; pourtant sans elle, on ne peut pas verser de résine autour de l'autre. Cependant, comme le *Sanbouts*, après avoir été pendant une longue suite d'années sous terre, acquiert la dureté de la pierre, on n'a pas besoin de la résine du sapin, et l'on peut se passer de même de la caisse extérieure. Les gens opulens peuvent faire usage de ces deux articles; les moins riches peuvent s'en passer sans inconvénient.

CHAPITRE CINQUIÈME.

Le *Sinsu* ou l'Ifay étoit en usage chez les anciens ; une simple description ne peut pas donner une juste idée de la façon dont il est fait. Il faut le voir soi-même. On trouve à Méako des marchands qui en ont toujours de prêts à vendre. La description suivante servira pour ceux qui demeurent loin de la capitale, et qui désirent en faire faire.

Il est haut d'un pied et deux pouces, large de trois pouces, et épais de un pouce $\frac{1}{7}$, mesure chinoise, nommée au Japon *Zinsiak*. Dans le haut, il se rétrécit peu à peu et finit en cercle. Un pouce au-dessous de l'endroit où le cercle commence, on le scie à la profondeur de $\frac{4}{10}$ de pouce, tant soit peu obliquement vers le haut, ce que les Chinois nomment *Gan*, les Japonais *Otogay*, ou mâchoire ; depuis la profondeur de cette coche, l'*Ifay* est scié en ligne droite jusqu'en bas, et ainsi partagé en deux pièces ; l'une des pièces ayant le cercle en haut, est épaisse de $\frac{4}{7}$; l'autre, qui est sciée de $\frac{2}{7}$ de pouce ; la dernière sert de partie antérieure, et est frottée en dehors de blanc de plomb ; dans la pièce la plus épaisse, ou dans celle de derrière, on fait un petit conduit large de 1 pouce et profond de $\frac{2}{7}$, sa

longueur est en proportion des lettres qui y
doivent être inscrites; les Chinois nomment
ce conduit *kan-tju*, ce qui veut dire, creusé
au milieu; des deux côtés de la pièce de derrière, on fait au milieu de la largeur, ou à
celle de $\frac{2}{5}$ de pouce, un petit trou rond qui
sert pour admettre l'air, et de plus pour
introduire l'ame du défunt; après quoi ces
deux pièces sont de nouveau jointes ensemble,
et incrustées dans un piédestal qui est de
4 pouces en carré, de 1 pouce $\frac{1}{2}$ de haut, et
creusé jusqu'à moitié, suivant la mesure de
l'Ifay. Les Chinois nomment ce piédestal *fou;*
il est fait de bois de marronnier; si l'on n'en a
pas, on peut se servir d'autre bois.

Outre l'*Ifay*, on prépare une caisse double
pour le serrer; les Chinois nomment celle de
dedans *zakay*, celle de dehors *fok;* il faut
consulter un lettré pour rédiger l'inscription,
et lire attentivement les livres qui en traitent,
et où l'on trouve les dessins de tout ce qui y
a rapport.

Comme il y a une grande différence entre
la manière d'écrire le nom du défunt sur le
founmen, et celle de l'écrire sur le *kan-tju* ou
conduit, et de l'*Ifay*, il faut y être bien exercé.
Lorsque le convoi sort de la maison mortuaire, un des principaux de la famille emporte

l'*Ifay* au tombeau ; on y écrit pendant l'enterrement, on le retire du *Fok*, et on le place
sur une table. Il faut pour cela un écrivain
renommé, de l'eau pure, un nouveau pinceau,
et de l'encre faite récemment.

Dès que l'inscription est achevée, le Sosu
se prosterne devant l'*Ifay*, et incline la tête
trois fois jusqu'à terre, et brûle en même temps
quelque bois de senteur dans un petit encensoir ; il prie tout bas l'âme du défunt de vouloir bien passer dans l'*Ifay*, qui ensuite est
serré de nouveau dans la caisse, et remporté
à la maison. Quelquefois on le fait inscrire
auparavant à la maison, et on l'emporte ainsi
au tombeau, ce qui est censé plus décent.

CHAPITRE SIXIÈME.

Le *Sisek*, ou la pierre de tombe, est formé
de deux dalles de deux pouces d'épaisseur, de
forme oblongue, d'une dimension égale, proportionnées à la grandeur de l'inscription,
parfaitement polies, appliquées l'une contre
l'autre, et maintenues en cet état par deux
fortes bandes de fer. Sur la surface intérieure
d'une des pierres, sont gravés les noms du
défunt, et l'indication du lieu de sa naissance
et de sa demeure, ainsi que ce que l'on juge

à propos de consigner. C'est ordinairement un lettré moraliste qui trace les caractères.

Le corps étant enterré, on érige le *Sisek* sur le tombeau, en le faisant entrer d'environ trois pieds dans la terre, et le maintenant ensuite à l'entour par du gravier, des pierres ou des tuiles cuites. Cette pierre, placée sur le tombeau, et sur laquelle sont sculptés des détails de la vie du défunt, est appelée *Fi* par les Chinois, comme par les Japonais.

On ne peut pas se passer du *Sisek;* dans le cas où il ne seroit pas prêt, il n'en faut pas moins que dans la suite il soit placé sur le tombeau. Toutes les choses d'ici-bas étant fort incertaines, s'il arrive que le lieu de la sépulture ayant été détruit, soit découvert après une longue suite d'années, lorsqu'on jette les fondations d'une ville, d'un château, ou bien lorsqu'on creuse un canal, un étang, un puits, alors l'inspection du *Sisek* fait connoître le pays, les ancêtres et la famille du défunt. En pareil cas, il faut enterrer la bière honorablement ailleurs, et ériger de nouveau le *Sisek* sur la tombe. La seule idée de l'obligation imposée aux descendans, de relever les *Siseks* de leurs ancêtres, doit donner une haute idée de l'amour et du respect extrême des anciens Japonais envers leurs parens.

CHAPITRE SEPTIÈME.

Si le défunt a rendu le dernier soupir dans la matinée, le corps est lavé et nettoyé le soir ; s'il est mort dans la soirée, on remet cette opération jusqu'au lendemain matin. L'eau dont on se sert n'est pas chauffée au foyer ordinaire ; on fait choix sur son terrain d'un endroit dont la propreté et la pureté sont reconnues, et l'on y construit un nouveau foyer. Le nettoiement du corps se fait dans la salle, par le domestique le plus affidé, et celui dont le défunt faisoit le plus de cas ; un pavillon est tendu à l'entour. On lave premièrement le dessus, puis le dessous du corps, en frottant soigneusement chaque partie avec un des essuie-mains, et ensuite avec les *tikatas* ou robes de bain. Le *Sosu*, sa femme et ses enfans éplorés, sont assis en dehors de la tente.

Si l'on suit la doctrine des sintos, tout l'at-tirail dont le défunt se servoit pour arranger ses cheveux est nettoyé soigneusement, et sert ensuite pour faire sa toilette ; on lui coupe les ongles des mains et des pieds ; les vête-mens qu'il portoit avant et pendant sa ma-ladie sont serrés, ainsi que la couverture de son lit ; ensuite on apporte une natte à l'endroit du nettoiement, qu'on couvre du *Tankin*, et on y place le corps après qu'il a été lavé. On le revêt, suivant la saison, de deux ou de trois *Kosodées* ; en été, on prend simplement un *Katabera*, ou robe mince de chanvre, ainsi qu'il est d'usage dans les grandes chaleurs ; ensuite le *Sita-obi*, sorte de *pagne* ou ceinture de dessous, le *Woewa-obi*, ou ceinture de dessus, le *Zunzi*, le *Vekbokin*, l'*Aksukin*, les *Tapies*, le *Fakama*, et le *Katagenou*, tous objets dont la description se trouve au chapitre III.

A la mort d'une femme, on orne son corps de ses plus beaux vêtemens ; mais les robes, tant des femmes que des hommes, sont fermées ; le côté gauche en dessous, et le côté droit en dessus, ce qui est le contraire de ce qu'on fait pendant la vie ; aussi les ceintures et les rubans ne sont point liés par un nœud, mais fortement serrés de deux nœuds, ce qui indique qu'ils ne seront plus ouverts ; ensuite on couvre le corps des deux côtés par le *Tankin*, mais aussi d'une façon contraire à celle usitée pendant la vie ; puis on le porte sur la natte au milieu de la salle, la tête tournée vers le sud ; là on lui présente une petite table chargée d'alimens, et l'on déplore sa mort avec une contenance lugubre. On a soin de ne point se servir de l'appareil dînatoire du défunt, doré, argenté, vernissé, ni décoré d'une manière quelconque.

CHAPITRE HUITIÈME.

POUR mettre le corps dans la bière, on observe ce qui suit : le défunt étant couché sur le dos dans le *Tankin*, les bras, les jambes et les autres parties sont si bien enveloppés que le tout n'offre plus qu'une surface plane. Les deux côtés du *Tankin* sont tournés au-dessus de la façon usitée pour les morts, la partie d'en-haut et celle d'en-bas se touchent sur le ventre ; ensuite on déchire une pièce de toile de chauvre, large d'un lé, ou d'un pied, en trois bandages, dont on fait des ligatures, par lesquelles le *Tankin* est attaché sur le corps en cinq endroits.

Après cela, on apporte la bière, dans laquelle on déploie le *Menkin* qui, par sa largeur, pend des deux côtés en dehors. Tous ceux qui assistent à ce cérémonial, doivent auparavant se bien laver les mains ; puis ils y font entrer le corps dans la position requise, et remplissent tout l'espace de *kosodés* ou des vêtemens.

Si, suivant la doctrine de Siaka, l'on rase les cheveux du défunt, on les place dans la bière aux quatre coins, avec ce qu'on a coupé des ongles ; on plie ensuite le *Menkin*, premièrement du côté des pieds, puis de la tête, après cela du côté gauche, et ensuite du côté droit, en sorte que le corps en est entièrement couvert. On entasse encore beaucoup de vêtemens, ce qui est d'un luxe très-recherché.

Ces vêtemens, qui servent pour remplir la bière, sont donnés par la famille ; quelques uns sont fortement ouattés, d'autres légèrement, d'autres sont de simple toile de coton ; on donne aussi des robes simples et doubles sans ouatte, chacun suivant ses moyens ou sa volonté.

Chez ceux d'une moindre classe, qui n'ont point autant de vêtemens, on y supplée par des pièces de soie, de toile et de coton ; chez le peuple, par les meilleurs habits à l'usage du défunt pendant sa vie, et ensuite par des étoffes de chanvre et par du papier.

La bière étant parfaitement aplanie, le couvercle y est mis ; après quoi l'on y présente une offrande de zakki, de thé et de sucreries, en faisant des exclamations et des gémisse-mens lamentables.

Le corps n'est mis dans la bière qu'après deux fois vingt-quatre heures. *Siba Onko*, auteur chinois estimé, veut qu'on attende trois jours, parceque si le défunt ne respire pas pendant ce temps, il ne revivra plus ; aussi le fait-on à présent. Il arrive rarement qu'un défunt ne soit qu'en léthargie ; pourtant on a l'habitude, en ce temps-ci, de parler encore pendant un certain temps à ses parens, avant de les enfermer dans le cercueil. Parler ainsi avant que le corps soit tout-à-fait privé de sa chaleur naturelle, seroit une action pleine de dureté, et en quelque sorte une rébellion contre la nature.

CHAPITRE NEUVIÉME.

AVANT que le cortége sorte de la maison mortuaire, le *Sosu* approche de la bière, et marmottant entre ses dents, informe, avec un maintien douloureux, le défunt qu'on est prêt à le conduire au tombeau ; après quoi on porte la bière près des Ifays de ses ancêtres. Ici l'on prend congé du défunt, et on place la bière au milieu de la salle, sur une natte ; ceux

11.

de la famille et les amis s'y assemblent, et ; en leur présence, on porte le cercueil hors de la maison.

Le *Sosu* s'étant vêtu de ses habits de deuil ; et ayant pris le *stoujé* ou la canne à la main, marche, ainsi que ses frères cadets, du côté gauche de la bière ; mais l'enterrement étant fini, il retourne avec eux dans des norimons ou dans des kangos. Les parens suivent la bière, après eux viennent les amis du défunt, qui quelquefois devancent le convoi pour l'attendre au tombeau ; ce qu'on juge plus décent. La mère et la femme du *Sosu*, ainsi que les autres femmes, marchent du côté droit de la bière ; les femmes de qualité suivent après les hommes, dans des norimons ou dans des kangos. Cela se fait aussi pour celles d'une moindre classe ; si quelque incommodité les empêche de marcher, leurs servantes les remplacent en marchant à pied ; tous ceux qui accompagnent le convoi ont l'aspect lugubre et le maintien douloureux.

CHAPITRE DIXIÈME.

VEUT-ON enterrer le corps sur une montagne, dans un bois ou dans un verger, on

choisit d'abord un endroit propre et convenable ; si l'on n'y réussit pas d'abord, on l'en-
terre provisoirement dans un cimetière, d'où
on le transporte ensuite dans un meilleur
endroit. Si, dès le commencement, on a dessein
de l'enterrer au cimetière, il n'est plus transporté ailleurs dans la suite. Il faut que la fosse
ne soit pas creusée dans l'intérieur des montagnes, de crainte des animaux carnassiers, qui
profaneroient ce dernier asile de la mort pour
y assouvir leur faim.

Lorsqu'on a fait choix d'un endroit convenable, un membre de la famille se lave et se
purifie soigneusement, met un vêtement neuf,
et se rend au lieu désigné. Du côté droit de la
place choisie pour la fosse, il présente quelques
mets en offrande, brûle dans un petit vase de
l'encens ; et, dans une prière respectueuse,
informe le dieu de la terre, *Dozin*, de son
dessein d'y creuser un tombeau, le suppliant
de le garantir, pendant nombre d'années, de
toute calamité.

Il se met ensuite à creuser un carré de deux
pieds de profondeur, puis un autre carré de
la même profondeur, mais d'un pied de moins
en diamètre, et puis un troisième, qui est
encore d'un pied moins large. Ainsi, le pre-

mier carré se rétrécissant peu à peu, à six pieds
de profondeur, et trois marches chacune de
deux pieds; le quatrième ou dernier carré est
tenu trois pouces plus bas que la hauteur du
quaykak; ainsi on peut en ôter la terre facilement, et se servir de ces trois marches pour
le bien placer, et pour faire usage du *tanmats*
et du *sanbouts.*

Si le terrain est marécageux, on ne creuse
pas bien avant; le fond du tombeau est couvert d'une couche de *tanmats*, à la hauteur de
trois pouces; le *quaykak* est placé dessus,
on y verse du *sanbouts* jusqu'à l'épaisseur de
deux pouces, qu'on mouille avec de l'eau et du
zakki. Après l'avoir bien battu avec un pilon,
on le couvre de planches très-minces, en même
temps qu'on remplit l'espace de trois pouces
entre cette caisse et le bord du tombeau, avec
du *tanmats* qu'on tasse bien fortement avec
un pilon; c'est ainsi que le tombeau est préparé.

Le tout étant achevé, et le *quaykak* se trouvant placé comme il faut, on y fait entrer le
Quan; l'espace entre les deux caisses est rempli
de *sanbouts*, qu'on pile avec force; l'on fait de
même sur le couvercle du *Quan*, au niveau du
bord du *quaykak*, dont on ferme ensuite avec

des clous, le couvercle, qu'on recouvre à la hauteur de cinq à six pouces de *tanmats*; on jette après cela de la terre dessus, à la hauteur de deux pieds; sur cette terre on élève le *sisek* ou la pierre de tombe, autour de laquelle on jette de la terre qu'on aplanit ensuite; ainsi le sisek est enfoncé d'environ trois pieds en terre; le *Quan* est placé de telle manière que la tête soit tournée vers le nord, et les pieds vers le sud, qui est la partie de devant du tombeau; si le terrain est trop étroit, on n'est pas obligé de se tenir à la stricte observance de ces deux points.

CHAPITRE ONZIÈME.

Il contient la description des offrandes faites au défunt.

Dès que le *Sosu* et les parens sont de retour du tombeau à la maison mortuaire, ils se lavent et se purifient tout le corps; ensuite on place l'Ifay dans la salle, sur une petite table; on ouvre le tok ou la bière extérieure, et l'on pose par-devant une très-petite table (Voyez la description des mariages, fig. 11, lettres *a. a. a.*), en proférant quelques mots. Les Chinois nomment cette offrande *Géasay*.

Pendant ce temps, une personne de la compagnie récite au défunt une prière fervente, étant assise à la droite du *Sosu;* pratique d'usage dans des offrandes consacrées par la douleur, mais, dans les offrandes fortunées, la personne se place à la gauche du fils aîné.

Les funérailles étant finies avant midi, le *Géasay* se fait dans l'après-midi : si c'est dans l'après-midi, on le fait le soir; mais si le corps est enterré dans la nuit, le Géasay est remis au lendemain matin. Cette offrande a, chez les Chinois, le nom de *Siogou*, qui veut dire première offrande. Le jour d'après, on pose de nouveau des mets devant l'Ifay; ce qui a le nom de *Saygou*, ou seconde offrande. Le lendemain on en fait de même; ce qui se nomme *Sangou*, ou troisième offrande; les deux sont comprises sous le nom de *Géasay*.

Ensuite on présente à l'Ifay, pendant cinquante jours, soir et matin, quelques mets sur une petite table, et dans la nuit un petit vase dans lequel on brûle quelqu'encens; on lui présente aussi du thé et des sucreries. Les mets sont dressés pourtant avec moins d'apprêt que ceux qui servoient au *Géasay;* l'on en fait seulement de meilleurs le premier jour de chaque mois; alors l'offrande du matin doit rester jusqu'au soir, et l'offrande du soir jusqu'au matin. En été on l'ôte plus tôt, parce que les mets se gâtent plus aisément que dans le temps froid ; mais des sucreries, et d'autres objets qui se conservent mieux, y restent plus long-temps que les mets préparés.

Après avoir continué ainsi pendant cinquante jours, on fait encore une grande offrande, nommée en chinois et en japonais, *Zukok-no-matsouri*, mais qui, à Nangasaki, a ordinairement le nom de *Fika-nitjé ;* ce qui veut dire autant que la célébration du centième jour, et est dérivé en Chine d'un usage des anciens, qui avoient l'habitude de garder environ trois mois ou pendant cent jours le corps chez eux, après quoi ils célébroient cette fête , et déposoient le corps dans le tombeau ; c'est pourquoi cette offrande est faite le centième jour après la mort de ses parens. On n'agit de la même façon qu'au *Géasay* , avec cette différence que celui qui lit la prière est assis à la gauche du *Sosu* , puisqu'elle est tenue pour la première offrande fortunée , cent jours étant écoulés depuis le décès de la personne qu'on regrette.

CHAPITRE DOUZIÈME.

VEUT-ON ériger une pierre de tombe, suivant ce qui est d'usage en Chine? on forme une
petite butte oblongue de terre, nommée au
Japon *Tsouka*; le côté antérieur, vers le sud,
a, suivant la mesure chinoise *Ziuisiak*, environ
quatre pieds, et suivant la mesure japonaise
d'à-présent, un peu plus de deux pieds cinq
pouces et demi de hauteur; dans sa direction
du sud au nord, elle devient peu à peu plus
basse et plus étroite, et au nord, où en est
la fin, elle est en haut plus étroite, mais en
bas un peu plus large. Chacun a la faculté de
la faire aussi large qu'il désire et suivant
l'usage des lieux. La largeur d'en bas sert pour
prévenir l'éboulement et le déchaussement;
l'étrécissement d'en haut sert pour empêcher
les passans de marcher dessus; au milieu, du
côté du sud ou de la façade, est érigé le
Sisek; il a quatre pieds de long, un pied de
large, et deux tiers de pied d'épaisseur, finis-
sant en pointe dans le haut.

Sur le devant de cette pierre, on sculpte le
nom et la condition du défunt; si l'inscription,
par sa longueur, demande un grand nombre

de caractères, on commence du côté gauche,
et on fait tout le tour de la pierre ; pour poser
le *Sisek*, on élève un piédestal, et on entoure
la butte de piquets pointus entrelacés en haut
et en bas de deux traverses plus minces pour
empêcher qu'on ne les arrache; sur le devant
de ce grillage on pratique une petite porte
d'entrée.

C'est ainsi que le tombeau est préparé suivant l'usage des Chinois. Si l'on ne veut pas les
imiter, on suit ce qui est en usage au Japon.

CHAPITRE TREIZIÈME.

A la mort d'un de ses parens on mange,
pendant trois ans, la même sorte d'alimens;
savoir; des légumes, et généralement tous les
produits du jardin; mais point de volaille,
d'animaux, de poisson, de viande, ni rien de
ce qui a vécu; non seulement il faut maintenir
son cœur et son corps dans l'état de pureté,
mais se montrer très-circonspect dans sa façon
de vivre. Dès le commencement du deuil l'on
ne peut, suivant ce qui est dit au Chapitre Ier,
rien manger les trois premiers jours qui suivent
le décès de ses père et mère; le quatrième jour,
on prend un peu de *cansy*, décoction de riz,

ou un peu de riz cuit mollement, et on ne fait cuire depuis ce temps, le matin et le soir, qu'une poignée de riz pour chaque personne, comme suffisante pour apaiser la faim ; on y met un peu de sel. Les cinquante jours expirés, on peut manger du riz comme à l'ordinaire.

Autrefois on ne mangeoit à la Chine, pendant quatre-vingt-dix jours, que du riz cuit mollement ; en ce temps-ci l'on y suit les usages du Japon, et on y mange, même avant l'expiration des cinquante jours, du riz cuit comme à l'ordinaire, avec du potage et d'autres légumes, puisqu'après le terme passé, on est souvent obligé à de longs voyages ou à des marches forcées qu'on ne pourroit effectuer si l'on ne mangeoit que du riz mou ; bien qu'à ce riz l'on ajoute du potage et des légumes, il n'est pas permis de prendre d'autres alimens ; et encore ce doit être la portion de nourriture strictement nécessaire pour apaiser la faim ; si l'on a soif, on boit autant de thé que l'on desire. L'usage d'autres alimens est permis après l'expiration de douze mois ; mais l'on doit s'abstenir, pendant trois ans, de viande, de poisson et de zakki.

Il y a une exception en cela pour les malades, les valétudinaires, les gens épuisés et

pour ceux qui ont passé cinquante ans ; ceux-
ci peuvent prendre de la viande, du poisson
et du zakki, s'ils ne sont pas assez forts pour
supporter le régime prescrit. On donne aux
personnes d'une constitution débile, du bouil-
lon de poisson ou de volaille ; mais les vieil-
lards et les malades en sont exceptés.

On voit, par ce détail, de quelle manière le
deuil est observé chez les Chinois. Chez les
Japonais, il est fixé à cinquante jours, pendant lesquels on se tient chez soi, la porte
fermée, et sans se raser.

Le *Sosu* se trouvant à la mort d'un de ses
parens dans une autre province, et la nouvelle
lui en étant communiquée par quelqu'un de la
famille, par lettre ou par courrier, il déplore
la perte du défunt, s'informe auprès du courrier, de la cause de la mort, des soins donnés
à son parent, du nom de son chirurgien, de
son médecin, etc. ; puis il retourne chez lui
sans la moindre ostentation dans son extérieur ni dans ses vêtemens ; il voyage en hâte,
mais point dans la nuit, afin d'éviter tout danger et tout embarras : il doit surtout se garder
qu'aucune rencontre ne ralentisse sa marche :
si ce voyage, soit par eau, soit par terre, dure
cinq, six ou quelques jours de plus, il ne peut

prendre, comme on l'a dit, dans les trois premiers jours, aucune nourriture.

S'il revient après l'enterrement, il doit, suivant un ancien usage chinois, se rendre aussitôt au tombeau : en ce temps-ci, l'on entre auparavant chez soi, et l'on s'assied avec sa famille dans la chambre ordinaire, où l'on déplore la perte le défunt avec un maintien lugubre ; ensuite on va au tombeau, ce qui est jugé plus décent.

CHAPITRE QUATORZIÈME.

LE *Sosu* cependant étant au service d'un maître, et empêché par là de revenir, doit prendre le deuil à l'endroit où il se trouve : dans la salle ou dans le meilleur appartement de la maison, il place en dedans du toko (voyez fig. 2 de la Description des Mariages), deux petites tables, et sur l'une, une petite caisse d'un bois aromatique délicieux, ainsi qu'un chandelier, avec une bougie allumée ; sur l'autre, un petit encensoir et de l'encens, avec lequel, le matin et le soir, il fait hommage aux dieux célestes et terrestres, afin qu'en considération de son humble dévouement, ils soient d'autant plus propices au défunt.

Les Chinois en agissent ainsi. Au Japon, suivant la véritable doctrine des Sintos, il n'est pas permis, dans une année ordinaire de trois cent cinquante-quatre jours, ni dans une année embolismique de trois cent quatre-vingt-quatre jours, de faire ses prières à l'un des dieux du ciel, de la terre, de l'eau, du feu, des montagnes, ni des rivières, ni même à aucun des ecclésiastiques, ou séculiers, qui, après leur mort, ont été rangés parmi les saints, comme à *Fatsmansama*, à *Osin-ten-o-Sama*, à *Gongin-Sama*, à *Tensin* ou *Kans-josjo-Sama*, ni à aucun autre, puisque cela demande une pureté complète, et que, pendant ce temps, ils sont censés impurs.

Si l'on se trouve, à la mort de ses parens, dans une autre province, et qu'on n'ait ni frère, ni fils, ni aucun de la famille qui puisse faire des offrandes au défunt, on doit, chaque jour, dans l'auberge ou dans la maison où l'on habite, lui offrir une petite table avec des mets et d'autres objets, et faire son possible pour lui démontrer en tout le respect convenable : si les femmes se trouvent en pareil cas dans une autre province, elles n'ont pas besoin de retourner.

CHAPITRE QUINZIÈME.

LE père s'étant mis en route avec son fils vers une autre province, et venant à y mourir, le fils doit exactement observer tout ce qui est détaillé au Chapitre Ier et aux autres, enfermer le corps dans une bière, le conduire au lieu de sa demeure, et le suivre à pied.

Mais le fils se trouvant chez lui à la mort d'un de ses parens dans une province, il se rend aussitôt près du corps, sans la moindre ostentation dans son extérieur ni dans ses vêtemens, et le remporte dans une bière. Les riches se servent pour cela d'une double caisse, et remplissent l'espace entre les deux de résine de sapin fondue : si l'on négligeoit cela, l'odeur perceroit par la caisse, ce qui seroit pour le fils une honte extrême. Pour prévenir cet inconvénient, le fils reste quelques jours dans l'endroit du décès, afin que la caisse soit parfaitement établie.

La veille de son départ, il place un petit encensoir, un cierge allumé, des légumes de la nature des pois, des sucreries, du thé, du zakki, et d'autres mets sur une table, devant la bière, et annonce à l'âme du dé-

funt son dessein en ces mots : « Demain, à
» cette heure, je pars avec ta bière pour
» ta province, et la suivrai à pied. »

En quittant cet endroit, le fils marche à
gauche de la bière, à pied, pendant une lieue :
si de l'endroit du décès à celui où le corps doit
être transporté, il y a une trop grande distance, le fils peut, après avoir fait ainsi une
lieue à pied, se servir d'un cheval, d'un norimon ou d'un kango, ce qui ne se fait pas,
si la distance n'est pas longue : le sacrifice du
matin et du soir est préparé chaque jour, si
cela est possible, dans l'auberge où il s'arrête,
et placé devant la bière.

Lorsqu'il approche de sa province, il informe sa famille, par une lettre ou par un courrier, du jour et de l'heure auxquels il compte
arriver ; alors ses parens vont à sa rencontre
à deux lieues. Si ce sont des gens aisés, ils font
construire à la hâte une maison nette neuve
pour y placer la bière, sinon, ils louent à cet
effet la maison d'un fermier : on s'y arrête,
en offrant de l'encens, des cierges allumés, du thé et des sucreries. Dès que tous
les parens sont assemblés en cet endroit, ils
s'asseyent devant la bière, et pleurent le
défunt.

Si l'on a son domicile au château ou près de la résidence de son seigneur, on ne peut, par respect et par considération pour lui, faire porter la bière chez lui : il faut la porter directement à la fosse qui doit la renfermer pour toujours ; et, dans ce cas, on doit préparer d'avance tout ce qui est nécessaire aux funérailles.

Quelques Chinois, se trouvant dans un autre pays, avoient l'habitude de conserver le corps avec du sel et du zakki, pour en prévenir la corruption ; les Japonais trouvent cette méthode indécente, et croient que cela a été inventé en Chine pour transporter à de grandes distances, sans putréfaction, les têtes des ennemis ou des criminels.

D'autres Chinois, se trouvant en pays étranger, ont brûlé le corps ; et, après l'avoir réduit en cendres, ils ont emporté, pour les enterrer, les dents et le peu d'os qui restoient ; ce qui, à une grande distance, donnoit peu d'embarras. Les Japonais réprouvent également cette coutume. *Siba Onko* dit que, si l'on ne peut pas rapporter le corps dans son pays, il vaut mieux l'enterrer au lieu du décès, que de le conserver avec du sel et du zakki, ou de le brûler.

CHAPITRE SEIZIÈME.

CE chapitre précise le temps fixé pour le deuil, suivant les préceptes des Chinois.

On porte le deuil d'un père, d'une mère, d'un oncle, d'une tante, d'un frère, d'une sœur, de sa femme, des enfans du fils aîné, d'un cousin, d'une cousine, de petits enfans, et d'une mère répudiée par son père et chassée de la maison pendant treize mois : les vêtemens sont d'étoffes blanches de chanvre non teintes : les Chinois et les Japonais nomment ce temps de deuil *boukou*, qui veut dire l'*habillement*.

Les Japonais ne portent, dans le plus grand deuil, les habits blancs que cinquante jours pour leurs parens, et un temps plus court pour ceux qui leur sont alliés dans un moindre degré ; cependant ils ne peuvent se servir, pendant treize mois, de vêtemens rouges ou de quelqu'autre couleur éclatante, ni d'aucun ornement ; ils ne peuvent non plus entrer dans les temples des Sintos.

Les Chinois avoient bien auparavant la coutume, suivant un ancien précepte, de garder les corps chez eux pendant trois mois, ou

12.

pendant quatre-vingt-dix à cent jours, s'abstenant, comme il est dit, pendant ce temps
de zakki et de viande; ce qui est cause qu'encore à présent, on ne mange pendant cinquante, soixante, soixante-dix, quatre-vingt
et quatre-vingt-dix jours, ni viande ni poisson,
suivant le degré de parenté du défunt.

Pour son beau-père, ou celui qui a épousé
sa mère, on porte le deuil pendant neuf
mois, et l'on s'abstient de viande et de poisson
autant de temps que l'on veut.

Pour son grand-oncle et le grand-oncle ou
les grandes tantes de la femme de son frère,
les enfans de sa sœur, le frère de son beau-
père, les enfans de son cousin, le beau-père
du côté de la mère, et l'oncle et la tante du
côté de sa mère, l'on porte le deuil pendant
cinq mois, et on ne mange, pendant trois jours,
ni viande ni poisson.

Pour un neveu du côté de la mère, et les
enfans d'un neveu, d'un beau-père et d'une
belle-mère du côté du mari, une fille de premier lit du mari, et les enfans et petits-enfans
d'une telle fille, on porte le deuil pendant
trois mois, et l'on s'abstient trois jours de
viande et de poisson.

Le deuil d'une femme, pour son mari,

dure trois ans ; on y observe les mêmes formalités qu'à la mort d'un père ou d'une mère.

Pour les enfans mineurs de sa famille, depuis l'âge de huit jusqu'à onze ans, on porte le deuil pendant cinq mois; depuis douze jusqu'à quinze ans, pendant sept mois, et depuis seize jusqu'à dix-neuf ans, pendant neuf mois.

Pour des enfans qui meurent au-dessous de l'âge de huit ans, on porte le deuil treize jours.

Dans l'ouvrage *Kary* l'on trouve un détail complet sur le deuil des Chinois.

Chez les Japonais, les usages suivans sont fixés pour le deuil.

Quand on a eu le malheur de perdre son père ou sa mère, on fait *boukou* pendant treize mois, et *imi* ou *ala-imi* pendant cinquante jours ; ce qui signifie que pendant ce temps on reste chez soi, vêtu d'habits de deuil, la porte fermée, sans se raser, et s'abstenant de poisson, de viande et de zakki.

Pour un beau-père et une belle-mère, l'on tient *boukou* cent cinquante jours, et trente jours *ala-imi ;* il en est de même pour un grand-père et une grand'mère ; mais si l'on succède à l'emploi de son beau-père, on en porte le deuil comme de ses père et mère. L'on désigne ici, par le nom de beau-père, celui qui a adopté quelqu'un.

Pour un beau-père et une belle-mère, l'on tient *boukou* trente jours, et dix jours *ala-imi*.

Une femme tient *boukou*, pour son mari, treize mois, et trente jours *ala-imi*.

Le mari tient *boukou*, pour sa femme, pendant quatre-vingt-dix jours, et vingt jours *ala-imi*; une femme en fait de même pour son beau-père et pour sa belle-mère, et les parens de leur fils aîné.

Pour les enfans plus jeunes, on tient *boukou* trente jours, et dix jours *ala-imi*.

Pour un oncle du côté du père ou de la mère, le *boukou* dure cent cinquante jours, l'*ala-imi* trente jours.

Pour un frère aîné, ou pour un oncle, le *boukou* est de quatre-vingt-dix jours, l'*ala-imi* de vingt jours; il en est de même pour une tante du côté du père.

Pour son frère aîné ou pour sa sœur aînée, le *boukou* est de quatre-vingt-dix jours, l'*ala-imi* de vingt jours, ainsi que pour un bisaïeul et une bisaïeule.

Pour un trisaïeul et une trisaïeule, le *boukou* dure trente jours, et l'*ala-imi* dix jours; il en est de même pour une tante du côté de la mère.

Il y a trente jours de *boukou* et dix jours d'*ala-imi* pour le plus âgé des petits-enfans, et sept jours de *boukou* et trois jours d'*ala-imi* pour les autres, ainsi que pour un cousin et une cousine et leurs enfans.

Pour un beau-frère et une belle-sœur, le *boukou* est de trente jours, l'*ala-imi* de dix jours.

Pour les enfans au-dessous de l'âge de sept ans, il n'y a ni *boukou* ni *ala-imi*.

Les gentilshommes et les grands dignitaires doivent porter le deuil du Ziogoen; les autres employés et les militaires doivent porter celui de leurs princes, et quiconque tient sa subsistance ou son salaire d'un grand seigneur doit porter son deuil pendant cinquante jours, aussi rigoureusement que pour un père.

Cela peut aussi avoir lieu pour son précepteur, puisqu'un disciple est censé redevable de son bien-être à ce qui lui a été enseigné; mais le temps d'un pareil deuil est plus ou moins long, suivant le plus ou moins d'affection qu'on avoit pour son maître.

FÊTES FUNÉRAIRES
DES JAPONAIS.

FÈTES FUNÉRAIRES
DES JAPONAIS.

Cette partie contient la Description des Sacrifices pour les âmes des morts, suivant ce qui est d'usage à la Chine.

CHAPITRE PREMIER.

Aprés avoir porté le deuil de ses père et mère pendant trois ans, il faut ensuite faire quatre fois par an, ou à chaque saison, une offrande en leur honneur; les Chinois la nomment *Zisay*, ce qui revient à ces mots : *offrande de saison*.

Lorsque dans la chambre de devant ou dans celle de côté, nommée par les Chinois *zido*, par les Japonais *bouts-san*, on garde les Ifays de ses ancêtres, et qu'on y joint celui du dernier défunt, on fait une offrande pour tous à la fois, choisissant pour cela le second, le cinquième, le huitième et le onzième mois.

Le jour de l'offrande est fixé de la manière suivante :

Le *Sosu* consulte sur cela, un mois d'avance, l'âme du défunt; à cet effet, il s'assied devant l'Ifay, brûle quelqu'encens dans un petit vase, et l'informe de son dessein de lui offrir, le mois suivant, une offrande à tel jour, qu'il le prie d'approuver. Il ajoute qu'autrement il la différera et fera choix d'un autre jour. Il prend alors deux coquilles de *famagouri*, espèce de moule, qui ferment bien l'une sur l'autre, et les fait tomber d'une certaine hauteur sur une petite table; si elles s'y trouvent l'une avec le creux, l'autre avec le dos au-dessus, de la façon qu'elles sont fermées naturellement (ce qu'on regarde comme un symbole de l'union entre le ciel et la terre), c'est alors un signe favorable, et une preuve que l'âme du défunt consent au jour fixé; mais si elles tombent toutes les deux avec le creux ou bien avec le dos en haut, cela est censé de mauvais augure et une preuve de désapprobation, ce qui fait rejeter ce jour pour l'offrande.

On est obligé de consulter ainsi auparavant l'âme du défunt; mais si cela ne réussit pas au commencement ou dans les dix premiers jours du mois, on prend l'un des dix jours du milieu ou bien de la fin, désigné par la façon dont les coquilles se trouvent sur la table en preuve d'approbation.

En cas qu'on ne veuille pas consulter l'âme du défunt, on prend pour l'offrande le quinzième ou le jour du milieu des deuxième, cinquième, huitième et onzième mois. Auparavant on brûle quelqu'encens devant l'Ifay; on parle ensuite à l'âme du défunt, et on lui dit : « *Le quinze du mois prochain, je te ferai une offrande d'action de grâces* ». S'il arrive que les employés, par le temps qu'ils doivent donner aux affaires de leurs maîtres, ne puissent faire part, un mois d'avance de leur dessein, il leur suffit de le faire deux ou trois jours avant l'offrande.

CHAPITRE DEUXIÈME.

PENDANT les trois jours qui précèdent cette offrande, le *Sosu* ne peut quitter la maison, à moins que les affaires de son seigneur ou de son maître ne l'y contraignent; car il faut après, que la maison soit bien nettoyée, qu'il se tienne tranquillement dans sa chambre ordinaire, qu'il change ses vêtemens sales contre des vêtemens propres, qu'il n'ait aucune communication avec sa femme, et qu'il s'abstienne de poisson, de viande et des cinq plantes piquantes, des échalottes, des ognons, de l'ail, des raiforts et du poivre long ; les Chinois les nomment *gosin* ou les cinq *goûts agaçans*. Il n'est pas non plus permis de jouer ou de faire jouer, pendant ce temps, sur des instrumens de musique ; de voir des malades, ou d'aller faire des complimens de condoléance, et de se souiller ainsi par de pareilles impuretés. Cette purgation extérieure a, en chinois, le nom de *sanzay*.

La purgation intérieure doit être dans le cœur ; on doit étouffer tout désir, tout penchant, tout souvenir impur, toute passion, comme la colère, l'affliction, la joie, etc. Il faut être bien en garde pendant ces trois jours contre toutes les affections de l'âme : les Chinois nomment cette purification intérieure *fi-zay*. Pendant ce temps, il faut se rappeler constamment la façon de vivre de ses parens, penser au bien qu'on a reçu d'eux, et se ressouvenir de l'un et de l'autre avec des sentimens d'une vive reconnoissance pour l'affection qu'ils nous ont témoignée.

Ces deux purifications sont désignés en chinois par le mot *saykay*.

En bâtissant une maison, il faut penser à

l'appartement séparé pour les Ifays, le faire soigner ; et lorsqu'on se met dans ses meubles, acheter premièrement tout ce qu'il faut pour les offrandes. L'époque d'un mariage ou de la naissance d'un enfant est célébrée par des sacrifices aux ancêtres : l'avancement dans son emploi, et toute réjouissance, sont aussi des motifs d'offrande. Les enfans démontrent par là, à leurs parens défunts, leur gratitude et leur reconnoissance des bienfaits qu'ils en ont reçus.

CHAPITRE TROISIÉME.

Lorsque le jour du sacrifice approche, il faut arranger les ustensiles nécessaires dans l'ordre requis, emprunter ce qui y manque de ses amis, ou bien se servir pour cela de ses meubles ordinaires, après les avoir bien nettoyés, ce qui est encore préférable à des meubles empruntés.

On se sert, pour l'offrande, de poissons, de volailles, de sucreries, de légumes de la nature des pois, et d'autres qui, dans les différentes saisons, sont les plus précoces ; et l'on procure à ses parens tous les mets qui leur plaisoient le plus durant leur vie ; ces mets sont apprêtés aussi délicieusement qu'ils avoient eux-mêmes l'habitude de le faire aux fêtes congratulatoires, et aux festins donnés à leurs amis.

Si l'on vouloit se conformer aux usages des Chinois, il faudroit s'astreindre à une infinité de cérémonies dont un Japonais croit pouvoir se dispenser; il ne prend de ces usages que ceux qui donnent peu d'embarras, et rejette le surplus, ainsi que la viande des animaux sauvages et domestiques; du reste, il apprête le dîner comme il est d'usage pour les vivans.

Voici l'appareil requis pour les offrandes.

1°. Une petite table pour l'Ifay;

2°. Une table plus grande pour le petit encensoir et pour la petite caisse d'encens, avec les objets accessoires.

3°. Quelques *bosias*, jattes plates, décrites précédemment; il en faut autant qu'il y a d'Ifays;

4°. Deux chandeliers;

5°. Un *sinkvan*, ou petite planche, longue d'environ un pied, et large de cinq pouces, sur laquelle la prière est écrite;

6°. Deux paravents;

7°. Un lavoir et une serviette, pour laver les mains;

8°. Trois plateaux à dîner, ou petites tables,

avec des écuelles, des assiettes, des plats, des jattes et des bâtonnets.

9°. Une petite table de bois blanc, ou vernissé, pour les *Kawarakés*, ou jattes à boire le zakki.

10°. Quelques *Kawarakés*, dont on a déjà parlé à la Description des Mariages.

11°. Quelques *Kawarakés* vernissés.

12°. Une jatte, nommée, par les Chinois, *Tetsuki*; par les Japonais, *Sitami*, pour y verser la boisson pour l'offrande.

13°. Un ou deux *Sousous*, de petits pots à zakki. Voyez à la Description des Mariages, fig. 9.

14°. Quelques nécessaires pour faire le thé, et plusieurs autres bagatelles.

CHAPITRE QUATRIÈME.

LE jour qui précède le sacrifice, la maison doit être nettoyée soigneusement. On dresse une petite table dans la salle, ou dans quelqu'autre appartement où doit être placé l'Ifay : s'il y a beaucoup d'Ifays, et si le local est étroit, les nattes ordinaires sont recouvertes de nattes doubles, ou de grosses nattes, et on place au-dessus les petites tables et les Ifays,

13

suivant les degrés de parenté; chaque défunt a sa petite table, son Ifay et son *Bosia.*

Devant ces petites tables on en met une plus grande; au milieu un petit encensoir, et un chandelier de chaque côté.

Dans la chambre contiguë se trouve un garde-manger, où l'on tient les objets nécessaires aux sacrifices; le tout est couvert d'une toile blanche pour garantir de la poussière et des ordures.

Il a y aussi deux lavoirs, l'un pour laver les mains, l'autre pour nettoyer tout ce qui sert au sacrifice : c'est le *Sosu* et la femme que ces soins regardent exclusivement; ils sont même tenus de nettoyer la batterie de cuisine et les poëles de fer.

Le *Sosu* se procure un vêtement, des culottes, une ceinture, un manteau; la ceinture pour couvrir le milieu du corps; le vêtement de cérémonie et les lapies ou chaussons, le tout entièrement neuf.

Tous ces objets sont indispensables pour que le sacrifice soit fait avec la décence requise.

CHAPITRE CINQUIÈME.

Le jour du sacrifice, le *Sosu* prend deux de ses gens les plus adroits pour l'assister, et un autre pour réciter la prière. Les premiers ont en chinois le nom de *Sitsouzi*; l'autre, le nom de *Siuk* : mais tout ce qu'il faut de plus pour le sacrifice, il doit le faire ainsi que sa femme, à moins qu'elle ne soit atteinte d'une de ces infirmités périodiques pendant lesquelles les femmes, en Orient, passent pour impures.

Il faut qu'il y ait encore deux autres personnes, parfaitement versées dans tout ce qui a rapport aux cérémonies du sacrifice, pour en instruire le *Sosu :* s'il est encore jeune, il les consulte en tout, afin de s'en acquitter avec la plus grande exactitude, ce qu'il ne sauroit faire sans leur secours.

CHAPITRE SIXIÈME.

LES mets doivent être apprêtés avec toute la propreté possible. Si l'on en vouloit offrir au défunt avec profusion, on seroit hors d'état de s'acquitter décemment des égards qu'on lui doit; c'est pourquoi l'on préfère en offrir en moindre quantité, mais les apprêter avec la plus grande attention.

Sur la première petite table sont posées une jatte avec du riz, d'autres jattes avec de la soupe, et trois sortes de mets.

13.

Sur la seconde il y a une jatte avec de la
soupe, et des jattes avec deux sortes de mets,
et de même sur la troisième.

On exigeoit jadis sept sortes de mets sur la
première, cinq sortes sur la seconde, et trois
sortes sur l'autre; depuis, on a consulté sur
cela un moraliste de Méako, d'après l'avis
duquel on a fixé le cérémonial de la manière
décrite ci-dessus, qui, depuis quelques années,
est universellement adoptée.

En hiver les alimens refroidissent bientôt,
c'est pour cela qu'ils doivent être servis bien
chauds; en été ils se gâtent aisément par la
chaleur, c'est pourquoi le *Sosu* et sa femme
doivent se lever à minuit, et les apprêter; il
ne leur est pas permis de prendre la moindre
chose avant que les mets ne soient placés devant les Ifays. Si des chiens, des chats, des
rats, ou d'autres animaux y touchoient, il faudroit les jeter et en préparer d'autres : ce
fâcheux accident seroit imputé à leur paresse
et à leur peu de surveillance.

Comme dans l'ancien temps les princes
avoient l'habitude de mettre eux-mêmes la
main à la confection des alimens, ceux qui
sont d'une moindre classe y sont encore plus
obligés; se servir de l'aide des étrangers seroit

la preuve la plus convaincante de mépris envers les mânes de ses parens.

Si l'on se lève à *né-no-toki*, ou *kokenots*,
ce qui est, chez les Japonais, à neuf heures,
chez nous à minuit, il faut qu'on se lave tout
le corps et qu'on change d'habits à *ousi-no-toki*,
ou *jaats*. Cette époque correspond à la huitième heure japonaise, ou à deux heures après
minuit. L'offrande commence dès le *fora-no-
toki*, ou *nanats*, chez eux à une heure, chez
nous à quatre heures ; alors ils s'abstiennent
de toute viande, de quadrupède ou volatile,
mais présentent d'autres mets ordinaires.

CHAPITRE SEPTIÈME.

DANS les offrandes il y a dix-huit choses à
observer, qui sont décrites ci-dessous avec
leurs noms en chinois.

1°. Le *Sosu* se rend avec sa femme à l'appartement des Ifays, prend celui du père, avec
le *zakay* ou la caisse de dedans, hors du *fok*,
ou de la caisse extérieure, et le porte dans la
salle sur la table ; la femme en fait autant de
l'Ifay de la mère : ils continuent ainsi pour
tous les Ifays, et se comportent avec la plus
grande attention. Cette première partie du
cérémonial est nommée *sutsu*.

2°. Le *Sosu*, sa femme, ses enfans et ceux de sa famille font à quatre reprises une inclination du corps devant les Ifays ; ils s'agenouillent profondément, et touchent le pavé de la tête, ce qui se nomme *san-sin*.

3°. Le *Sosu* se place devant les Ifays ; un de ses aides apporte un sousou, ou petite cruche à zakki ; l'autre, une jatte, qu'ils posent devant l'Ifay, sur une petite table, le sousou à sa gauche, la jatte à sa droite : aussitôt il prend un peu d'encens avec ses doigts, et le jette dans l'encensoir, prend ensuite la jatte de la main gauche, le sousou de la main droite, remplit la jatte, et tend le sousou à son aide de la droite.

Il fait, après cela, une inclination respectueuse à l'*Ifay*, verse le zakki sur le *Bosia*, donne la jatte à son aide à sa gauche, recule un peu, touche trois fois le pavé de la tête, et annonce au défunt la célébration de l'offrande, ce qu'on nomme *gosin*.

4°. On présente aux *Ifays* du riz bouilli, et d'autres mets, sur de petites tables ; la première est portée par le *Sosu*, la seconde par sa femme, la troisième, par le fils aîné ; mais s'il n'a point d'enfans, par l'un des aides, qui, dans ce cas, suit la femme : cela est nommé *sinzen*.

5°. Après que les petites tables sont servies, la femme enlève les couvercles des jattes de riz, de la soupe et des autres mets, place deux petits bâtonnets en ligne droite au milieu de la jatte de riz, va un peu en arrière, et fait une révérence : on nomme cela *juu-siok*.

6°. Lorsqu'on a offert à chaque Ifay sur une petite table une jatte à zakki, le *Sosu* se met devant celui de son père, remplit la jatte, en verse un peu sur le *Bosia*, et la place avec ce qui en reste sur la petite table, recule de quelques pas, fait une révérence, va ensuite à l'Ifay de sa mère, puis à ceux des autres défunts, et agit devant chacun comme devant celui du père : l'on nomme cela *sio-kon*.

7°. Après avoir offert une seule fois du zakki, on fait lire par le *siuk* la prière devant l'*Ifay;* on la met ensuite sur la table du côté gauche de l'encensoir : ce qui a le nom de *tokou-sinkou*.

8°. Le zakki qui restoit dans la jatte est versé dans une tasse ou dans une petite cuvette, après quoi l'on offre de nouveau du zakki, ce qui est la seconde offrande, et a le nom d'*akon*.

9°. La troisième ou dernière offrande est faite par la femme seule, mais de la même manière que les deux précédentes ; et est nommée *snukon*.

10°. A la dernière elle ne verse pas le zakki sur le *Bosia*, mais en offre encore un peu plus à chacun ; ensuite on met des paravents autour des Ifays, ou bien l'on ferme la porte à coulisse de la salle : ce qui a le nom de *katsmon*.

11°. Le Sosu ayant quitté la salle avec sa femme, ses enfans et ses aides, et en ayant fermé la porte à coulisse, ils restent quelque temps en dehors, ouvrent ensuite la porte, et se mettent près des Ifays : cela est nommé *keymon*.

12°. Le Sosu s'incline deux fois devant chaque Ifay, et verse le zakki de toutes les jattes dans un vase, ou dans une petite cuvette ; chacun des assistans en boit un peu avec beaucoup de vénération : ceci a le nom d'*inpoukou*.

13°. On retire les bâtonnets de la jatte de riz ; chacun s'en sert pour prendre un peu de riz, qu'il mange très-respectueusement : ce qui a le nom de *zuso*.

14°. On ôte toutes les petites tables, et l'on met devant les Ifays un espèce de gâteau, et un mélange épais de thé moulu ; cela est échangé de nouveau pour du *laksay*, du thé liquide, des légumes de la nature des pois, et plusieurs espèces de sucreries : tout cela est apporté successivement par le *Sosu*, sa femme, ses enfans, et par ceux de la famille; à mesure qu'ils l'apportent, ils font chaque fois une révérence, comme ci-dessus; ensuite le tout est emporté et serré : ce qui a le nom de *tetszen.*

15°. Les personnes de la famille font simultanément jusqu'à quatre fois une révérence devant les Ifays, s'asseyent et leur offrent d'une manière respectueuse leurs services, après quoi ils se retirent : on nomme cela *zisin.*

16°. La prière est brûlée sur la table dans l'encensoir, ce qui a le nom de *fan-siù-kou.*

17°. On rapporte les Ifays à l'endroit où ils étoient auparavant, ce qui chez les Chinois est nommé *zi-do*, chez les Japonais *boutsdan;* chacun y est replacé dans son tok : ceci a le nom de *tosu.*

18°. Le sacrifice étant achevé, tous les mets sont versés dans des jattes ordinaires, ou dont on se sert journellement, et sont mangés par les parens avec beaucoup de respect : il ne doit rien rester du riz et de la soupe; tout doit être mangé; mais s'il y a des restes de zakki, de poisson, de viande, et des légumes crus, on les envoie à ceux de la famille qui , par indisposition ; n'ont pu assister à l'offrande : cette pratique tend à entretenir les relations de famille.

Les gens de la seconde classe en agissent ainsi. Chez les personnes de qualité et chez les riches, l'apprêt est plus considérable ; le peuple n'est pas tenu à des règles fixes, et peut se conduire en cela à volonté.

CHAPITRE HUITIÈME.

Si un oncle, un frère, une sœur, ou quelqu'autre membre de la famille vient à mourir, ne laissant personne pour lui faire d'offrandes, on joint son Ifay à ceux des père et mère, et les sacrifices se font aux mêmes époques, avec cette règle que si les Ifays des parens sont placés au sud, on place le sien à l'ouest ; si les premiers se trouvent à l'est, le sien se met au sud : ceux des hommes sont du côté gauche, ou du côté le plus distingué ; ceux des femmes du côté droit. On place les plus distingués vers l'ouest, les autres vers l'est ; lorsqu'on a un grand nombre d'Ifays dans la famille, on les place des deux côtés, suivant le degré de parenté.

Après avoir présenté premièrement de petites tables à manger aux Ifays de ses parens, on en

fait de même aux autres membres de la famille,
à chacun suivant qu'on lui touche de plus ou
moins près , offrant ainsi jusqu'à trois fois
du zakki aux premiers , et une seule fois aux
autres.

CHAPITRE NEUVIÈME.

OUTRE les quatre offrandes dans les différentes saisons , il y en a encore deux autres ;
la première est nommée *dayno-matsouri*, la
seconde , *kinitjé*.

La première a lieu chaque année au neuvième mois : on en informe le défunt un mois
d'avance. Trois jours avant de la faire , on a
soin de conserver son cœur et son corps purs ;
cette offrande est célébrée seulement par le
père et la mère, ou bien par l'un de ceux qui
sont encore en vie, sans que le fils aîné y soit
admis.

La seconde se fait à l'anniversaire du décès ;
un jour d'avance on conserve son cœur et son
corps dans l'état de pureté , et l'on n'offre qu'à
l'Ifay du défunt, s'abstenant ensuite pendant
vingt-quatre heures de zakki et de viande.

Tout ce qui a été dit des quatre premières offrandes , doit être observé de même
dans ces deux-ci ; mais l'on ne peut rien

prendre des mets et de la boisson qu'on a offerts.

CHAPITRE DIXIÈME.

Pour l'offrande ou le jour de fête près du tombeau, on fait choix d'un jour heureux parmi les dix premiers jours du troisième mois, qui, en chinois, a le nom de *bosay*, en japonais, celui de *faka-matsouri*. Après avoir conservé son cœur et son corps dans un état de pureté depuis le jour précédent, on se rend au tombeau, on en arrache les herbes , on en écarte toute espèce de saletés, et l'on étend au-devant une natte propre, sur laquelle on offre quelques mets suivant ce qui a été dit au chapitre septième ; tout ce qu'on y trouve détaillé sous les numéros 2, 3, 6, 8 et 9, doit être observé exactement : ensuite on présente du côté gauche du *sisek*, ou de la pierre de tombe , au dieu de la terre , une offrande d'action de grâces.

CHAPITRE ONZIÈME.

Dans l'ouvrage chinois le Ly-ki, il est dit, que le deuxième et le troisième fils ne sont pas tenus à faire d'offrandes ; cela veut dire, que dans toutes les provinces de la Chine le sacri-

fice se fait seulement par le *Sosu*. Au Japon,
la façon de sacrifier des Chinois n'est pas strictement suivie, mais veut-on s'y conformer, il
faut observer en même temps les usages du
Japon. Dans le cas où le *Sosu* n'observeroit
pas ce qui a eu lieu à la Chine, le deuxième
et le troisième fils doivent le faire ; mais s'il
pratique le sacrifice des Chinois, il faut qu'ils
l'assistent, et fassent tout ce qui a été décrit
plus haut. Se trouve-t-on en pays étranger, et
veut-on célébrer le sacrifice, on le fait à son
auberge, en écrivant, dans ce cas, à défaut
d'Ifay, le nom du défunt sur un morceau de
papier, qu'on brûle après le sacrifice.

CHAPITRE DOUZIÈME.

LA plupart des Japonais ne négligent jamais
de faire leur prière en se levant le matin :
d'abord on se lave le visage et les mains, on
arrange ses cheveux, on s'habille, puis l'on
apporte le *boutsdan*, on ferme la porte à coulisse, et on brûle devant la caisse de l'Ifay un
peu d'encens dans un petit encensoir, s'incli-
nant en même-temps, en marque de respect,
deux à trois fois, et le front contre terre.

Lorsqu'on a fait un voyage, et lorsqu'on

en revient, on en informe les Ifays de ses parens. La veille du premier jour de chaque mois ou de la nouvelle lune, du quinzième jour ou de la pleine lune, du troisième jour de la troisième lune ou de la fête des Poupées, du cinquième jour de la cinquième lune ou la fête des Pavillons, du septième jour de la septième lune ou de la fête des Astres, et du neuvième jour de la neuvième lune, ou de la fête de la Foire (voyez la description que j'ai donnée des cinq grandes fêtes dans mes Annales des Daïris), on doit nettoyer la salle où l'Ifay doit être placé, et conserver, depuis la soirée de la veille, le cœur et le corps dans l'état de pureté. Le jour du sacrifice on se lève de grand matin ; on se rend au boutsdan ; on ôte l'Ifay de son tok ; on le porte à l'endroit convenu ; on met au-devant un petit vase avec de l'encens, et deux chandelles allumées, et puis des fruits d'arbres, des fruits de la terre, ou d'autres mets qui, dans les quatre saisons, sont les plus précoces, mais pas plus d'une seule espèce ; en même temps on s'incline respectueusement.

S'il arrive au *Sosu*, ou à quelqu'un de la maison, quelque accident fortuné ou fâcheux, on en fait part aux Ifays de ses parens : dans le premier cas, on se regarde comme rede-vable de son bonheur à leur intercession amicale ; dans l'autre cas, comme puni par eux pour quelque omission des préceptes de la piété filiale, ou pour avoir enfreint leurs commandemens.

A la naissance d'un enfant, il faut leur faire part du jour et du nom de l'enfant. Dans des inondations et dans des incendies, il faut porter au plus tôt les Ifays en lieu de sûreté, pour empêcher qu'ils ne soient entraînés par le courant, ou brûlés. La perte des Ifays est considérée, chez les Chinois, comme un malheur affreux; ils redoutent la colère du ciel, et craignent de se voir condamnés aux plus sévères châtimens.

FIN DE LA DESCRIPTION DES FÊTES
FUNÉRAIRES.

TABLE ALPHABÉTIQUE

DES NOMS CHINOIS, SUIVANT LA PRONONCIATION
EN LANGUE MANDARINE.

—

Akon.

Ala-imi, ou imi.

Aksukin.

Boukou.

Boutsdan ou Zido.

Bosay ou Faka-mat-
souri.

Bosia.

Deyno-matsouri.

Dozin.

Dzinko.

Faka-matsouri, ou
Bosay.

Famagouri.

Fansiukou.

Fi.

Fikanitjé.

Fou.

Foen-men.

Gan, ou Otogay.

Goesay.

Gosin.

Goso.

Ifay, ou Sinsu.

Imi, ou Ala-imi.

Inpoukou.

Iuu-siok.

Kago.

Kaja.

Kami-simo.

Kantiu.

Kary.

Katabera.

Kataginou.

Katsmon.

Kawataké.

Keymon.

Kigou.

Kili.

Kinitjé.

Kosodé.

Laik ou Lyky.

Makou.

Menkin.

Mokjokgou.

Né-no-toki.

Norimon.

Ousi-no-toki.

Otogay ou Gan.

Quak.

Quan.

Quaykak.

Sanbouts.

Sangou.

Say-kay.

San-sin.

San-zay.

Say-gou.

Siba-onko.

Siogou.

Siokon.

Sinsu ou Ifay.

Sin-zen.

Sigua.

Sisek.

Sisio.

Sita-obi.

Sitami ou Tetsuki.

Sitsouzi.

Sosu.

Siuk.

Stouzé.

Suk-van.

Sussu.

Suukon.

Tan-kin.

Tan-mats.

Tapies.

Tatami.

Tetsuki ou Sitami.

Tetszen.

Tisay.

Tok ou Tokou.

Toko.

Tokou-siukou.

Tora-no-toki.

Tosu.

Vakama.

Vekbokin.

Wouwa-obi.

Zakay.

Zido ou Boetsdan.

Zisay.

Zisin.

Zukok-no-marsouri.

Zuso.

Zousiak.

Zuven.

Zuusi.

**FIN DE LA TABLE DES NOMS
CHINOIS.**

NOTICE

SUR

LA POUDRE DOSIA,

ET SUR KOBOU-DAYSI

QUI EN FUT L'INVENTEUR.

14.

NOTICE

sur

LA POUDRE DOSIA,

ET SUR KOBOU-DAYSI

QUI EN FUT L'INVENTEUR.

LES Japonais ont, comme on l'a vu dans la Description des Funérailles, un mode d'inhumation qui leur est particulier : au lieu d'enfermer les corps dans des cercueils d'une longueur et d'une largeur proportionnées à la taille et à la corpulence du défunt, ils placent le défunt dans une cuve de trois pieds de hauteur sur deux pieds et demi d'ouverture à la partie supérieure, et sur deux pieds de diamètre à la base. Il est difficile de concevoir comment on peut placer un cadavre dans une attitude pareille, lorsque tous ses membres, roidis par la mort, ne sauroient se courber ni se plier en aucune manière.

Les Japonais à qui je fis part de mes objections, me dirent qu'ils obtenoient ce résultat au moyen d'une poudre particulière nommée Dosia, que l'on introduisoit dans les oreilles, les narines et la bouche du défunt, et que les membres acquéroient tout à coup une souplesse merveilleuse. Comme on me promettoit de faire cette expérience sous mes yeux, je dus suspendre mon jugement, de peur de condamner comme une fiction absurde un fait qui, à la vérité, passe la portée de nos conceptions, mais peut cependant s'expliquer d'une façon assez vraisemblable, et notamment par le galvanisme, dont les effets, découverts tout récemment, ne semblent guère moins résister à toute croyance (1).

(1) Lorsque l'auteur étoit au Bengale, il envoya dans une lettre à M. de Guignes père, le 12 mars 1788, quelques détails peu circonstanciés sur la poudre *Dosia*. La lettre insérée dans le *Journal des Savans*, fut traduite à Londres dans le *Monthly-Review*, puis en Hollande, dans un recueil périodique. Un M. Fiboal, chimiste de Groningue, entendit mal ce qu'avoit dit M. Titzingh, on feignit de regarder comme une assertion formelle ce qui n'étoit énoncé que d'une manière dubitative. Il adressa donc à l'auteur du recueil hollandais une lettre qui ne fut pas insérée, et dans laquelle il prouvoit, par ses critiques même, qu'il s'étoit totalement mépris sur l but de la Notice.

Voici donc l'essai qu'on en fit devant moi.
On étoit au mois d'octobre 1783, et déjà le
froid se faisoit sentir vivement; un jeune Hollandais étant mort à l'île de Dézima, je char-
geai le médecin de faire nettoyer le corps, et
de l'exposer pendant la nuit sur une table au
grand air, devant une croisée ouverte, afin
qu'il roidît complétement.

Le lendemain, plusieurs Japonais, quelques
employés de la factorerie et moi, nous allâmes
visiter le cadavre : il étoit aussi dur qu'un
morceau de bois. Un des interprètes, nommé
Zenby, tira de son sein un *santock*, ou portefeuille, et y prit un paquet oblong rempli
d'une poudre grossière, ressemblant à du
sable : c'étoit la fameuse poudre *Dosia*. Il en
mit une pincée dans les oreilles, une autre
pincée dans les narines et dans la bouche,
et bientôt, soit par l'effet de la drogue, soit
par l'effet d'une supercherie qu'il m'a été
impossible de découvrir, nous vîmes les bras,
jusqu'alors croisés sur la poitrine, tomber
d'eux-mêmes, et en moins de vingt minutes
(montre à la main), le corps recouvra toute
sa flexibilité.

J'attribuois ce phénomène à l'action de
quelque poison subtil; mais on m'assura que

la poudre *Dosia*, bien loin d'être vénéneuse, étoit un remède salutaire dans les accouchemens laborieux. Si le travail de l'enfantement ne se fait pas avec assez de facilité, on donne à la mère une tasse d'eau chaude où l'on a mis infuser un peu de poudre Dosia dans un morceau de toile blanche : elle ne tarde pas à obtenir une heureuse délivrance.

La poudre Dosia est encore recommandée comme le remède le plus efficace contre les maladies des yeux. Une infusion de cette poudre a, dit-on, même en parfaite santé, des facultés qui la font rechercher de toutes les classes de Japonais. Elle récrée l'esprit, et rafraîchit le corps. On a soin d'envelopper la poudre dans une pièce de toile blanche, et de la faire sécher ensuite : elle peut servir un grand nombre de fois.

On donne cette même infusion aux gens de qualité au moment de leur agonie : si elle ne prolonge pas leur existence, elle empêche les membres de se roidir ; et le corps du personnage n'est point exposé aux atteintes irrespectueuses des gens de l'art, chose à considérer dans un pays où l'on porte à l'excès le respect pour les morts.

J'eus la curiosité de me procurer de cette

poudre : il me fallut pour cela envoyer dans le *Kizzo*, ou les neuf provinces, à tous les temples des *Singous*, lesquels en font le commerce exclusif, parce qu'ils pratiquent la doctrine de Kobou - Daysi son inventeur. Ce fut en effet après la mort de ce Kobou - Daysi, dans la deuxième année du nengo - zio - wa (825e de l'ère chrétienne) que ce sable devint en usage dans tout le Japon. Je ne pus, dans ces premières recherches, en obtenir qu'une très-petite quantité, encore étoit-ce une faveur signalée des prêtres : ils n'en donnent jamais à la fois qu'une seule pincée.

Cependant, à mon départ, en 1784, j'emportai du Japon une assez grande quantité de poudre Dosia. Une portion étoit arrangée par lots de vingt petits paquets chacun, étiquetés en dehors en caractères rouges ; le surplus étoit dans de petits sacs ; mais ce n'étoit qu'une poudre brute où l'on voyoit par-ci par-là des parcelles d'or, et qui probablement n'avoit pas encore les vertus requises. Un petit paquet avoit seul subi l'opération chimique qui en assure l'efficacité : c'étoit une poudre blanche comme de la neige (1).

---

(1) *Voyez* la note *a*, à la fin de cette Notice.

La découverte de la poudre Dosia est attribuée à un prêtre nommé *Kobou-Daysi* : il reconnut les propriétés de ce précieux minéral dans la montagne de Kongosen, ou Kimbensen, dans la province *Jamotto*, où se trouvent beaucoup de mines d'or et d'argent, et il en apporta une quantité considérable au temple qu'il desservoit sur la montagne de Kojas-an.

Les prêtres de ce temple continuent à chanter des cantiques d'actions de grâce aux dieux qui ont fait connoître à Kobou - Daysi une poudre aussi précieuse. Lorsque la provision en est épuisée, on en va prendre de nouvelle à la montagne de Kongosen, et on la transporte dans des jattes vernissées. De tout temps les peuples ont attribué à l'influence des esprits célestes les phénomènes qui surpassent la portée de l'intelligence humaine ; aussi les prêtres ne manquent-ils pas de prétendre que le sable Dosia doit à la ferveur de leurs prières toute son efficacité. Dès que la nouvelle provision est arrivée, on la met dans un bassin vernissé et doré devant l'image du dieu Daynitsi, ou Biron-sanna : les prêtres, rangés en cercle devant l'autel, et faisant tourner entre leurs doigts les grains d'une espèce de rosaire,

prononcent, pendant sept fois vingt-quatre
heures, un cantique appelé Guomio-Singo,
dont voici le texte :

> On o bokja Biron sannanomaka fodora mani
> Fando ma, zimbara fara, fare taja won.

Les prêtres disent qu'après ce long intervalle
on entend une sorte de bruissement dans le
sable : toutes les parcelles impures sortent
d'elles-mêmes hors du vase ; il ne reste que la
poudre Dosia purifiée, que l'on partage ensuite
entre tous les temples des singous.

Kobou-Daysi avoit apporté ce cantique de
la Chine, où il avoit été introduit par un prêtre
de la secte de Siaka, venant du Malabar. La
seule explication que je pus en obtenir fut la
suivante : Le soleil, suivant les sintos ou sectateurs de la religion primitive des Japonais,
a le nom de Fonsio-Daysin, Daysingou et
O-Firoumé-no-Mikotto ; mais les prêtres singous lui donnent le nom malabare *Maka-
Biron-sanna-bouts*, qui signifie *le Dieu dissi-
pant les grandes ténèbres*. Cette dénomination
revient au nom japonais *Day-Metz-Nio-ray*,
qui veut dire *le grand Dieu de la lumière*.

Lorsque les pêcheurs vaquent à leur travail
sur le bord de la mer, ils ont soin de frédon-
ner ce cantique, persuadés que sans cela ils

seroient comme ensorcelés, et ne prendroient rien.

Les Japonais que je consultai sur le sens des autres mots, avouèrent franchement qu'ils n'y comprenoient rien, à l'exception des dernières paroles *zimbara-fara fare taya won*. Lorsque des hommes voluptueux ont fait un grand festin, ils prononcent volontiers ces mots qui veulent dire : *mon ventre gonflé me rend pesant*. On y attache sans doute une sorte d'impiété, puisqu'on fait croire aux enfans que s'ils avoient le malheur de les répéter, ils auroient sur-le-champ la bouche de travers.

Kobou-Daysi changea plusieurs fois de nom pendant sa vie, comme tous les héros des légendes orientales ; il se nomma, pendant la plus grande partie de son existence, Siokou-no-Koukai, et naquit à Fodo-no-Kori, dans la province Sanouki. Son père se nommoit Denko, et descendoit de Sajéki ; sa mère, de l'illustre famille Ato, rêva une nuit qu'elle recevoit la visite d'un prêtre étranger. Devenue enceinte, par suite de ce commerce mystérieux, elle mit un fils au monde au bout de douze mois, dans la cinquième année du nengo-foki (l'an 774 de l'ère chrétienne), sous le règne du quarante-neuvième Dayri, Konen-

Ten-o. Le fils reçut le nom de *Fato-Mono*, qui veut dire *pierre précieuse*.

Parvenu à l'âge de douze ans, il fut instruit dans l'arithmétique, et apprit à lire toutes sortes d'ouvrages chinois ou japonais. Dans sa dix-huitième année, il avoit déjà lu les principaux ouvrages de Confutzée (1).

Il eut pour instituteur son oncle maternel, *Fiosan-Daybou oto-no-Otari*. Sous un maître aussi habile ses progrès furent surprenans; mais il étoit dominé par le désir d'étudier les écrits de Siaka (2) : un savant bonze de cette secte, appelé Samon-Gouso, qui habitoit à Iwaboutji, lui en fournit l'occasion.

Ce fut en effet de Samon-Gouso qu'il obtint l'explication des cantiques au Dieu Kokouso-Goumousi. Pour prix de son ardeur, son maître lui accorda, dès l'âge de vingt ans, la faveur de se raser la tête (3), en témoignage de son initiation, et lui enjoignit en même temps l'observation des dix commandemens suivans :

1°. Le *sessjo;* ne rien tuer de ce qui respire.

2°. Le *findo;* ne point voler.

---

(1) *Voyez* la note *b*.

(2) *Voyez* la note *c*.

(3) *Voyez* la note *d*.

3°. Le *sajieng ;* ne point commettre d'adultère.

4°. Le *moko ;* ne tromper personne.

5°. Le *onsjou ;* s'abstenir de boissons fortes,
et particulièrement de *zakki.*

6° Le *singi ;* ne point se mettre en colère.

7°. Le *tonjok ;* détester l'avarice et la cupi-
dité.

8°. Le *goutji ;* cultiver les sciences avec
ardeur.

9°. L'*ako ;* ne proférer aucune injure.

10°. Le *riositz ;* éviter toute fausseté.

Sous le nom de *Koukai,* que bientôt il
changea en celui de *Siokou ,* il atteignit une
connoissance complète de la doctrine sanron (1). Vers ce temps, Gonjo partit pour la
province Isoumis, et se retira dans le temple
Maki-no-wo-Jama-Dera. Kobou-Daysi fut élu,
dans la quatorzième année du nengo-jen-riak
(995 de l'ère chrétienne), grand-prêtre du
temple Fodaysi , à Méaco , et prit le nom de
Siokou-no-Koukai.

Parvenu à cette dignité, il représenta au
dieu de ce temple qu'il s'étoit appliqué avec
ardeur à tout ce qui concernoit son culte ;
mais que , malgré ses efforts pour le connoître

_____

(1) *Voyez* la note a.

à fond, il lui restoit encore beaucoup de doutes que la divinité pouvoit seule éclaircir. Le dieu exauça ses prières, et lui envoya en songe un génie qui prononça ces paroles :

« Le grand livre des cantiques, Day-Biron-
» sanna sienben Kasi n'est point falsifié ; tu y
» trouveras une foule de choses merveilleuses.»

La difficulté étoit de trouver ce livre ; le saint Japonais fit long-temps des recherches inutiles ; enfin il le trouva dans la province de Jamatto vers le Todo, ou grande tour du côté de l'est : dans l'ivresse de sa joie, il le lut avec avidité, et y trouva la solution de plusieurs de ses doutes ; mais beaucoup de passages restoient encore obscurs, et, pour venir à bout de les expliquer, il se décida à faire un voyage à la Chine.

On voit dans *le Nipou-o-Day-itje-ran* que *Kwan-mon-ten-o* envoya à la Chine, dans la vingt-troisième année du nengo jen-riak (l'an 804 de l'ère chrétienne) une légation composée de Fonsawara-no-Kado-no-maro, premier ambassadeur, d'Isigawa-no-mitzé-masou, second ambassadeur, de Sougawara-no-Seiko, troisième ambassadeur. Ils avoient pour secrétaire de légation Asano-no-Katori. Tous trois étoient des lettrés du premier ordre :

ils emmenèrent avec eux deux prêtres Tengou et Koukai pour étudier la religion du pays.

Suivant l'auteur de la vie de Kobou-Daysi, il accompagna un autre ambassadeur qui fut envoyé à la Chine par Kwan-mou, dans le cinquième mois de la vingt-troisième année du nengo-jen-riak. Le ministre plénipotentiaire se nommoit Korok-Daybou-Fousiwara. Ils s'embarquèrent sur la mer de l'Ouest à Osacka, et atteignirent les côtes de la province Kosjou dans le huitième mois. La Chine étoit alors gouvernée par l'empereur Tetzong, et l'on étoit dans la vingtième année du nengo chinois feigin (Eching-Yuen). Après un long voyage par terre, ils arrivèrent le douzième mois à la cour impériale Tjoan, et furent logés par ordre de l'empereur dans la rue Sinjobo, où ils occupèrent un palais destiné à cet usage.

Après le départ de l'ambassadeur, Kobou demeura à la Chine. L'empereur lui accorda un logement au temple Sai-mi-josi, et lui permit de visiter tous les temples de la cour. Après avoir cherché long-temps un savant capable de l'instruire dans ce qu'il désiroit connoître, il rencontra enfin au temple Sjorusi, un prêtre nommé Kygua-Asari, le plus habile disciple de Kotzi-Sanzou. Ce digne prêtre accueillit avec bonté le désir de Kobou d'être initié dans la doctrine de Siaka ; il recommanda à ses élèves de le traiter avec toute la considération et le respect que méritoit un descendant du dieu Sansi-Bosatsou.

Au bout de six mois, suivant le même auteur, Kobou lut dans le temple le cantique Dayfi-Tysou-Mandera, et jeta en l'air des fleurs qui toutes allèrent tomber sur l'image du dieu Day-nitsi—Gakouvvo. Le vénérable Asari conclut de ce miracle qu'en effet l'origine de Kobou étoit divine ; aussitôt il le consacra comme prêtre par une aspersion analogue au baptême, et lui fit présent du vase qui avoit servi à la cérémonie (1).

Le septième mois il expliqua le cantique Kongo-Kay-Day-Mandera, et se trouva avoir atteint à un si haut degré de perfection que le huitième mois il obtint le nom de Denbo-Asari. Alors il fut fait grand-prêtre, et donna en réjouissance un grand repas à cinq cents de ses compagnons. Asari lui fit présent des

(1) *Voyez* la note *f*.

livres de cantiques Kongo Tiogio , Daynits-
gio , Zosistsgio et de plusieurs autres. Il lui
donna aussi les images des Dieux (Mandera)
tracées sur de longs rouleaux , et tous les ustensiles nécessaires pour accomplir les rites
religieux.

Asari lui tint ensuite ce discours : « Il y eut
dans les temps anciens un Dieu nommé Bierou-
sanna Sesson Siaka , lequel enseigna à son
disciple Riumio-Bosats beaucoup de choses
merveilleuses ; celui-ci fit d'autres élèves , et
leur doctrine se perpétua jusqu'à Foukou-
Dayko-tgi de la dynastie de Foo (Fang). Ce
dernier baptisa (ou consacra par aspersion)
trois empereurs , savoir : dans la huitième
année du nengo (en 720), à son retour de
l'Inde en Chine , l'empereur Gen-zo (Hiuen-
tsong), puis les empereurs Ziuek-zo et Fay-zo
(Sou-tsong et Tay-Tsong).

« Puisque vous êtes un homme d'un grand
savoir , et que vous étudiez constamment , je
vous fais présent de tous mes livres de cantiques , de tous mes manuscrits et de tous mes
ornemens sacerdotaux. »

Kobou accepta ces dons avec la plus vive
reconnoissance , et les emporta dans la suite au
Japon ; mais , après avoir supplié le Dieu de

le protéger dans cette navigation périlleuse, puisque de là dépendoit le bonheur de l'empire : ajoutant que son seul regret étoit d'être trop avancé en âge pour s'acquitter dignement de ses obligations envers la bienfaisante divinité.

Asari eut soin de dire à Kobou que les explications qu'il lui avoit données de vive voix sur les rites qu'il devoit pratiquer ne suffisoient point à leur intelligence, et lui recommanda de requérir l'assistance des peintres de l'empereur. Le peintre Liesson et dix de ses confrères représentèrent avec fidélité les cérémonies principales. Jotjusin, fondeur en bronze de l'empereur, confectionna les ustensiles nécessaires au temple. Plus de vingt écrivains des plus renommés se mirent à copier tous les livres de cantiques, tant publics que particuliers, et ces précieux cadeaux furent offerts à Siokou-no-Koukai.

Un jour qu'il rendoit visite au grand-prêtre Faujo-sanso, celui-ci lui raconta qu'il étoit parti dans sa jeunesse de son pays, nommé Kaifinkok, ou proprement Fannia, au nord de l'Inde, et qu'il avoit parcouru l'Indostan, en priant Siaka de répandre sa doctrine par tout l'univers. Déjà il avoit vu à la Chine ses efforts couronnés de succès, et il avoit formé le projet de passer au Japon, dans les mêmes intentions. La rencontre qu'il avoit faite de Siokou-no-Koukai rendoit ce projet inutile, puisque le saint Japonais vouloit bien accomplir cette mission. En conséquence il lui offrit le livre Keigon-rok-fara-mietskio, traduit de l'indou en chinois, ainsi que tous les manuscrits composés par lui dans le cours de ses voyages. Koukai accepta ces nouveaux présens avec une extrême reconnoissance,

Le troisième mois de la première année du nengo chinois (l'an 806 de l'ère chrétienne), notre saint retourna au Japon, et y aborda la première année du nengo-daydo, sous le cinquante-unième Daïri, Fysjo-ten-o. Il avoit pour compagnon de voyage Fatjebana-no-Faja-nari, renommé même dans ces contrées éloignées par la beauté de son écriture.

Ce fut alors qu'il prit le nom de Koubou, ou de Kobou. Les historiens assurent que tous les prêtres ayant été mandés à la cour pour prêcher alternativement, Kobou prit pour texte de son premier sermon l'immortalité de l'âme sur laquelle les Japonais, jusqu'alors, n'avoient que des idées confuses.

« Puisque notre corps a été créé par Dieu,

dit Kobou, mon opinion est que l'âme du juste doit monter au ciel, et retourner dans le sein de son créateur. »

Les autres ecclésiastiques nièrent la proposition, et élevèrent contre lui toutes sortes de disputes. Kobou s'expliqua alors dans les termes les plus précis, et développa son idée.

Le Daïri qui l'écoutoit avec attention dit qu'il comprenoit parfaitement la proposition et les développemens donnés par lui, mais qu'il nioit la base même du raisonnement.

Kobou leva les mains jointes vers le ciel, et passa quelque temps dans une méditation profonde. On aperçut tout à coup sur sa tête cinq rayons resplendissans. Le Daïri fort ému se prosterna le visage contre terre, et tous les courtisans suivirent son exemple. Les prêtres consternés à la vue d'un tel miracle s'agenouillèrent devant Kobou, et cessèrent de disputer.

Cet évènement se passa sous le règne de Saga-ten-o. Dès que le vieux Daïri en fut instruit, il prit Kobou pour maître, et se fit baptiser selon le rite de Siaka, chose jusqu'alors sans exemple, et qui depuis est tombée en désuétude.

La nouvelle doctrine s'étant promptement répandue dans tout l'empire, le Daïri jugea que la traduction des livres de Siaka en langue japonaise seroit un bienfait inestimable. Kobou, en conséquence, publia successivement parmi les livres de cantiques le Day-mets-gio, puis le Boday-sinron, qui traite de l'état de l'âme après la mort, ensuite le Siu-siu-sinron. Une méditation profonde de tous les écrits tant de sa secte que des autres, lui fit connoître que les plus grands fléaux de l'humanité étoient :

Le *Sigokf*, ou l'Enfer.

Le *gaki*, la femme.

Le *tjikusio*, l'homme au cœur pervers.

Et le *sjoura*, la guerre.

Kobou composa le livre intitulé *Siou-Tiou-Sinron*, contenant les dix dogmes fondamentaux de la doctrine de Siaka, savoir :

1°. Le *Jzjo-ty-jo-zin*, qui apprend que l'âme des malfaiteurs doit passer après la mort dans le corps d'un mouton.

2°. Le *Goudo-ji-zay-zin*. Ce chapitre enseigne que les hommes les plus savans ne doivent pas manquer de faire honneur aux Dieux de cet avantage.

3°. Le *Joda-no-ji-zin*. Ce chapitre pose en principe, que pour être heureux en cette vie en l'autre, le juste doit conserver son cœur aussi pur que celui d'un enfant.

4°. Le *Ju-joen-mouga-zin.* L'homme doit conserver son cœur aussi pur qu'il le reçut dans le sein de sa mère ; et, en avançant en âge, il doit le garantir avec soin de toute souillure.

5°. Le *Batsou-go-in-sjou-zin.* L'âme de celui qui contreviendra à ces commandemens passera dans le corps du plus vil scélérat.

6°. Le *Tajin-dai-zjo-zin.* La récompense de celui qui se sera appliqué avec ardeur à l'étude du *Day-zjo*, c'est-à-dire, de ce qu'il y a de plus sublime dans la doctrine du Siaka, sera la transmigration de son âme dans le corps d'un des prêtres les plus recommandables de cette même secte.

7°. Le *Gakf-sin-fou-zio-zin.* Il faut dans cette vie tranquilliser son cœur sur l'état de l'âme après la mort.

8°. Le *Niosits-itji-do-zin.* Toute personne bien instruite dans la doctrine de Siaka, doit étouffer en son cœur jusqu'aux moindres désirs impurs, et observer avec ferveur les commandemens divins.

9°. Le *Gokoumou-si-zjo-zin.* Il est expressément recommandé de ne point se jeter dans des opinions particulières, mais d'avoir une parfaite confiance dans la doctrine de Siaka.

10°. Le *Fi-mits-ziogou-zin*. L'homme riche qui aura médité les neuf commandemens qui précèdent, doit fonder des temples et leur procurer tous les ustensiles ou ornemens nécessaires au service divin.

Tels sont les dix commandemens sur lesquels se fonde la doctrine de Siaka, enseignée encore de nos jours par les prêtres de cette même secte.

Sous le règne du cinquante-troisième Daïri, Zjun-wa-ten-o, dans la première année du nengo-fen-tjo (824 de l'ère chrétienne), et à compter du troisième mois, il y eut dans tout l'empire une excessive sécheresse. Le Daïri ordonna à Kobou de faire des prières dans le jardin Sinzenjen, pour obtenir de la pluie. Un vieux prêtre, nommé Sjubin-Fosi, réclama la préférence qui lui fut accordée à cause de son âge avancé. Il commença donc ses prières, et assura qu'il pleuvroit au bout de sept jours. Dans la matinée du septième jour le temps se couvrit, et il y eut un violent orage qui remplit de joie le Daïri; mais la pluie ne s'étoit fait sentir que dans la capitale: il n'étoit pas tombé une goutte d'eau dans les provinces.

Kobou promit alors de procurer en sept jours, par ses prières, une pluie générale dans tout le Japon. Malgré la ferveur de ses pieux exercices, l'air demeuroit absolument sec. Il en conclut que Sjubin-Fosi avoit attiré, par ses prières, toutes les divinités des eaux sur un seul point; en conséquence, il annonça à un de ses disciples que le dieu des eaux, Anno-Koudasti-Ruvvo, faisoit son séjour dans un étang près du temple, et lui ordonna d'épier s'il ne verroit pas quelque trace de cette divinité à la surface de l'eau; ce qui scroit un présage infaillible de pluie. Le disciple s'y rendit avec Zinga, Sitsoujé, Zinkjo et Zinsing. Ils aperçurent distinctement tous les cinq l'ombre d'un dragon de neuf pieds de longueur, et d'une couleur jaune-d'or. Kobou en informa sans délai le Daïri, qui chargea Wakino-Matsouna de faire un sacrifice à cette divinité. Dans la soirée du septième jour, l'air se chargea tout à coup d'épais nuages, le tonnerre gronda de tous côtés, et l'averse fut si forte, que, l'étang ayant débordé, on craignit que l'autel lui-même ne fût emporté par la violence des eaux. La pluie continua dans l'empire entier pendant trois fois vingt-quatre heures. Le Daïri, extrê-mement satisfait, combla le saint de riches présens.

Vers ce même temps, l'étang situé près d'un temple, dans la province de Kawatje, s'étant subitement desséché, au grand regret des prêtres, Kobou se mit en prières, puis toucha un rocher avec son doigt, et il en jaillit une source d'eau limpide. A cette occasion ce temple prit le nom de *Rio-sen-si*, qu'il porte encore (1).

On raconte qu'un jour où il adressoit des invocations à *Fondo*, dieu du ciel (2), une lumière éclatante qui sembloit sortir du corps de Kobou brilla tout à coup autour de lui. Une autre fois qu'il prioit, suivant le rite de Soui-so-quan, la chambre où il étoit parut remplie d'eau. Cela veut dire que, d'après la doctrine de Siaka, ses idées étoient fixées sur les eaux; tandis que les prêtres des autres sectes ne pensant qu'aux choses terrestres, leurs prières sont sans efficacité. Il avoit encore d'autres manières de prier que la tradition n'a point conservées (3).

Dans la septième année du nengo - korin, (816 de l'ère chrétienne), il fit un voyage

---

(1) *Voyez* la note *h*.

(2) *Voyez* la note *i*.

(3) *Voyez* la note *k*.

dans la province Kinokouni, afin d'y chercher un emplacement propre à la construction d'un temple. Le mont Kojusan lui parut convenable à cette destination, et il y construisit le temple Kongo-Bousi.

Dans la onzième année (820 de l'ère chrétienne), le Daïri lui accorda, par un édit solennel, le titre de *Dento-day-Fosi*, et lui fit don, au premier mois de la quatorzième année (823), du temple Fosi à Méaco. Le saint japonais fit construire dans l'intérieur un *quantjo-in*, ou chapelle pour les aspersions. Tout y fut établi sur le même pied qu'au temple Syriosi, à la Chine, et deux jours de l'année furent spécialement fixés pour le baptême ou aspersion du peuple. Les vêtemens sacerdotaux qu'il reçut de son maître Ky-qoua, et le rosaire dont il faisoit habituellement usage, font partie des trésors de ce temple.

Dans la première année du nengo-fan-tjo (824 de l'ère chrétienne), il fut honoré du titre de *Zosou*.

Dans la seconde année (825), il changea le nom du temple Singuansi, qui se trouvoit dans la province de Jamassiro, sur la montagne Fakawo, en celui de *Singo-kokso-*

singousi. Le Daïri lui fit présent de cet édifice sacré.

Dans la première année du Nengo-zjo-wa (834), il sollicita et obtint du Daïri, Nimmio-ten-o, la permission de construire dans l'intérieur de sa cour, le temple de Singou-in, à l'instar de celui qui existe dans la cour impériale de la Chine. Le Mandera-Dosjo, édifice où logeoient les inspecteurs des comptes publics, fut réservé à cet usage. On y fait, chaque année, depuis le huitième jusqu'au quatorzième jour du premier mois, des prières pour la félicité du peuple.

On nomma aussi, sur sa demande, le premier mois de la seconde année (835), trois instituteurs, dont le premier explique le livre *Day-mets-gio;* le second, le livre *Kengotjokjo;* et le troisième, le livre *Siomio.*

Kobou termina son honorable carrière le vingt et unième jour du troisième mois, au temple du Kongo-Gousi, après avoir passé sept jours à adresser avec ses disciples des prières au dieu Mirokf. Le vingt et unième jour la parole lui manqua, et ses yeux se fermèrent.

On n'enterra pas sur-le-champ le corps de Kobou, mais on le déposa dans le temple. Ses

disciples, partagés en sept divisions, le veil-
lèrent pendant quarante-neuf fois vingt-quatre
heures, en célébrant le service divin suivant
le rite qu'il avoit institué. Sa barbe et ses
cheveux continuèrent à croître, et le corps
retint sa chaleur naturelle. On le laissa en cet
état pendant cinquante jours, puis on lui rasa
la barbe et les cheveux, et l'on porta en terre
ses dépouilles mortelles.

Les disciples de Kobou firent sur sa tombe
des prières continuelles, et y placèrent une
pierre sépulcrale. Quatre jours après, le Daïri
envoya l'officier des cérémonies funèbres de la
cour faire des offrandes, et se chargea de tous
les frais des obsèques. L'oraison funèbre,
composée par le vieux Daïri Fysjo-ten-o, ren-
ferma le détail de toutes ses vertus.

On prétend qu'en prenant un pinceau de
chaque main, deux autres entre les orteils,
et un cinquième à la bouche, Kobou traçoit
cinq différentes sortes d'écriture. Un jour, il
s'étoit chargé de renouveler le *Gakf* (1), sorte
d'inscription au-dessus de la porte occidentale
de la cour du Daïri ; l'échafaudage ayant été
enlevé, il s'aperçut qu'il avoit oublié un point

_____

(1) *Voyez* la note *l*.

à l'inscription ; alors il lança avec une extrême adresse son pinceau à l'endroit où le point manquoit, et l'omission fut réparée, au grand étonnement du Daïri et de tous ses courtisans.

Ce saint personnage a composé plusieurs écrits, dont les principaux sont : *le Fifouron*, *le Songo-Siji*, et *le Zio-rio-zin*. Ce dernier contient une autre manière d'étudier les dogmes de Siaka.

A son retour de la Chine, Kobou avoit apporté quatre-vingts fragmens de sa divinité favorite, plusieurs ustensiles dont les Indous se servent dans leurs temples, deux cent seize objets sacrés, quatre cent soixante et un volumes, et une multitude de curiosités.

Le dixième mois de la vingt-unième année du nengo-inji (921 de l'ère chrétienne), le soixantième Daïri, Day-go-ten-o, envoya une ambassade au temple Kongo-bousi, pour honorer Kobou du titre de Daysi. Depuis ce temps, il porte le nom de Kobou-Daysi. Sa mémoire est dans une telle vénération, qu'à mon départ du Japon, au mois de novembre 1783, on afficha, à l'O-fato, ou grand escalier du port de Nangasaki, une ordonnance pour célébrer en son honneur une grande fête dans tout l'empire. L'époque en étoit fixée au

vingt-unième jour du troisième mois de l'année
suivante , la neuf cent cinquantième depuis la
mort de Kobou.

N O T E S.

(*a*) On fait une estime singulière, dans les possessions des Hollandais aux Indes Orientales, de petites caisses de pharmacie qui viennent de Halle en Allemagne. Chaque caisse est accompagnée d'un livre contenant l'indication des articles, et de la manière de s'en servir. On y trouve, entr'autres choses, de petits paquets d'une poudre appelée *élixir de longue vie*, qui sont fort recherchés à cause des propriétés merveilleuses qu'on leur attribue. La composition de cet élixir passe pour un grand secret. J'avois une de ces caisses au Japon en 1782. Un jour que j'avois dissous dans une cuiller d'argent remplie d'eau un peu de cette poudre de longue vie, je vis une certaine onctuosité se former sur les bords. Ayant répété cet essai avec la poudre Dosia, j'obtins le même résultat, d'où je conclus que le principe des deux poudres avoit beaucoup d'analogie.

Addition de l'éditeur. Voici ce que rapporte sur la poudre Dosia un Français, M. Charpentier-Cossigny, auteur d'une relation publiée en 1799, intitulée *Voyage au Bengale*, où il eut occasion de voir M. Titzing.

« Le seul remède japonais hors de la classe des végétaux, et que je ne puis cependant affirmer minéral ou animal, le seul, dis-je, de cette espèce dont M. Titzing m'ait fait mention, est une poudre grise dont il a même eu la complaisance de me donner quelques paquets.

» Elle se nomme *Dosia*. La partie la plus ténue est une poussière impalpable qui pourroit bien être une cendre; elle en a la couleur grisâtre; le surplus est une quantité de petits fragmens pierreux, irréguliers, dont les plus gros sont comme la tête d'une épingle. Les uns ont la transparence du cristal, d'autres n'en ont qu'une demie, et une apparence laiteuse, d'autres enfin sont diversement coloriés. Une dixième partie à peu près de la totalité de cette poudre est composée de petits fragmens lamineux, bleus ou vert - obscurs d'un côté, encroûtés de l'autre, et dont la plupart ont le chatoyant du mica; examinés avec une bonne loupe, ils m'ont paru des débris de pyrites, chargés dans leurs fractures d'une efflorescence safranée que je crois ochreuse.

» Cette poudre n'a aucune effervescence sensible avec les acides les mieux concentrés; non-seulement les parcelles que je crois pyriteuses sont délivrées, par l'acide vitriolique, du tartre que recèle leur éclat métallique, et prennent, en peu de temps, toutes les apparences d'une poudre d'or; la poussière la plus fine m'a semblé être dissoute par l'huile de vitriol : quant aux autres fragmens, ils restent dans la menstrue sans aucune altération apparente. Je les soupçonne, une gangue, partie spatheuse et partie quartzeuse, réduite en poudre par l'art : je l'ai exposée pendant assez long-temps au foyer d'une bonne lentille ordinaire qui lui a communiqué une chaleur ignée, et elle a seulement un peu noirci; en l'examinant après, je n'y ai pas trouvé de trace de fusion dans la plus petite molécule.

» Quoi qu'il en soit de la nature simple ou complexe de cette poudre, elle a, au dire des Japonais, des effets qui seroient merveilleux s'ils étoient indubitables..... J'ai voulu en faire l'expérience. J'ai donc éprouvé la *Dosia* à double et triple dose sur des cadavres déjà froids, et même, je dois l'avouer, aussi roides qu'ils eussent jamais pu le devenir.

» Je rends, en conséquence, à la vérité, l'hommage de dire que tous mes soins et tous mes efforts n'ont pu faire fléchir leurs articulations après quinze, trente, et même soixante minutes d'une naïve attente..... J'affirme, au surplus, que j'ai pris une dose entière de la *Dosia* sans en ressentir le plus léger effet, ni en bien, ni en mal. Elle est inodore, et je ne lui ai pas trouvé d'autre saveur que celle d'un sable qui n'en a aucune.

» Quoi qu'il en soit des vertus de la *Dosia* que je crois résider bien plus dans quelque point de superstition japonaise qu'en elle-même, M. Titzing affirme que dans tout l'empire, grands et petits, riches et pauvres en achètent et en consomment dans toutes les occasions où elle est applicable : ce qui est une source abondante d'opulence pour une famille qui a seule le secret de sa composition; elle vit seule, dans une montagne isolée, mais abondante en minéraux, et qui lui appartient, où elle prépare et débite sa drogue. Cette origine, presque mystérieuse, renforce, à mon sens, l'opinion où je suis, que cet usage a sa source dans quelque croyance religieuse. »

(*b*) Les livres que les Japonais comptent parmi les ouvrages de Konfoutzée ont le nom de Zju-san-kjo (Chy-san-king) où les treize livres. Kojo-datsou (Kong-yngta), un de ses descendans et précepteur de l'empereur Fono-fayzo (Fang-tay-tjong), a pris soin de les réunir. Ce sont :

1°. Le Yek-jo (Y-king), recueil d'énigmes.

2°. Le Zi-kjo (Chi-king), collection d'anciens poëmes.

3°. Le Ziokjo (Chou-king), histoire des empereurs chinois, depuis Gou (Ya), jusqu'à Ziu (Tcheou).

4°. Le Ri-ki (Li-ki), description de toutes les cérémonies qui ont eu lieu sous les règnes des empereurs Ziu (Tcheou) et Roo (Lou).

5°. Le Zius-sio (Tchun-tsieou), histoire des princes de la dynastie de Roo (Lou).

Les trois articles suivans sont les commentaires de cette histoire de la maison de Lou.

6°. Le Ziun-sio-su-sidin (Tchun-tsieou-tso-chy-tchouen), par Sak-jumé (Tso-kicou-ming), disciple de Confoutzée, et secrétaire privé du prince de Roo (Lou).

7°. Le Ziun-sio-kou-jodin (Tchun-tsieou-kong-yang-tchouen), par Kou-jo (Kong-yang), disciple de Sika (Tse-kia), autre disciple de Konfoutzée.

8°. Le Ziun-sio-ko-klio-den (Tchun-tsieou-ko-leang-tchouen), par Ko-klio (Ko-léang).

Ces trois articles ne font avec le n.° 5 qu'un seul et même ouvrage.

9°. Le Ron-go (Lun-yu), ou maximes de morale, commentées par ses disciples.

10°. Le Ko-kio (Hiao-king), traité du devoir des enfans envers les auteurs de leurs jours.

11°. Le Ziu-zy (Tcheou-ly), cet ouvrage est semblable au Ri-ki (Li-ki), n.° 4. Il ne renferme que la cérémonie de la cour de l'empereur Ziu (Tcheou), par

16.

Ziu-ko-tan (Tcheou-kong-tan), premier empereur de la dynastie de Roo (Lou), descendant de Ziu (Tcheou), mais corrigé par Konfoutzée.

12°. Le Giry (Y-ly), extrait du Ziury (n.° 11) avec l'explication des cérémonies journalières par Konfoutzée.

13°. Le Zi-gu (Eul-ya), explication des anciens caractères, par Ziu-ko-tan, (Tcheou-kong-tan), corrigé par Konfoutzée.

On y a joint un autre ouvrage ayant pour titre : Mosi (Meng-tsé), ou morale de Konfoutzée, commentée par Mosi.

(c) Il y a huit sectes différentes, ou subdivisions de la doctrine de Siaka.

1°. Les Riets. Il ne leur est permis d'avoir aucune espèce de commerce avec les femmes, et ils sont tenus d'observer cinq commandemens particuliers.

2°. Les Kousja.

3°. Les Ziosits.

4°. Les Fosso.

5°. Les Sanron.

6°. Les Singon qui forment spécialement la secte de Kobou-Daysi.

7°. Les Tenday, dont les dogmes ressemblent en plusieurs points à ceux des précédens.

8°. Les Keigon.

On voit dans le Nipon-o-day-itjé-ran que le roi de Fiaksai envoya dans la troisième année du règne du trentième Daïri, Kin-mei-ten-o, une ambassade chargée de porter en présent une image du dieu Siaka ; les tofans ou pavillons que l'on porte à droite et à gauche du grand prêtre, un Tengai ou parasol, et un livre de cantiques. Telle fut l'origine de l'introduction de la secte de Siaka au Japon.

Bien qu'elle soit répandue dans tout l'empire, elle a beaucoup perdu de son crédit, et ne se soutient que par des raisons politiques. Par exemple : un Daïri qui auroit plusieurs fils, seroit tenu de donner à chacun d'eux une province ; mais, un pareil établissement n'étant pas en son pouvoir, il les nomme grands-prêtres des principaux temples de Siaka ; il en résulte qu'ils ne peuvent se marier, mais leur existence n'en est pas moins brillante. En effet, plusieurs princes assignent à ces temples des revenus considérables, à la condition que les prêtres s'abstiendront d'épuiser le peuple par de faux miracles, et par d'autres artifices.

Ce fut cette raison qui détermina au commencement du dernier siècle Matsdayra-syntaro, prince de Fizen, à faire détruire dans ses Etats tous les temples de Siaka, à l'exception de huit. Les terres qui en dépendoient furent affermées aux prêtres pour leur subsistance. Les idoles de métal furent fondues, celles de bois furent jetées à la mer. Deux de ces dernières, ayant été amenées par les flots sur le rivage de Pangasak, ont été recueillies avec vénération ; elles sont encore conservées au temple Auzensi.

Il y eut aussi une des images de métal qu'on ne put d'abord parvenir à fondre. Le peuple crut y reconnoitre un Dieu qui puniroit le prince de son sacrilège. Mais le prince, en ayant été instruit, ordonna que de l'urine fût versée sur cette image, et elle fondit aussitôt.

Koumasawa-rioki, le plus savant des courtisans de ce

prince, l'avoit excité à prendre cette résolution, disant qu'un si grand nombre d'idoles et de prêtres étoit nuisible à l'Etat, et dévoroit *le riz* du peuple.

(*d*) Les prêtres de Sintos qui suivent la religion primitive du Japon ne se rasent point la tête; ceux de Siaka sont entièrement tondus, et on leur donne, par ironie, le nom de Kami-naga (hommes à longue chevelure). Il ne leur est point permis d'entrer à la cour du Daïri. S'ils veulent visiter le temple à Izé, ils doivent d'abord faire leurs prières du côté de la rivière Mijagawa, et se coiffer d'une sorte de perruque : sans quoi ils ne seroient point admis.

Le mépris pour cette doctrine monte à un tel degré, que, lorsqu'on parle d'eux à la cour du Daïri, et dans le temple d'Izé, il faut se servir d'expressions particulières qu'on regarde comme une dérision.

Ainsi, au nom de *Siaka*, on substitue le sobriquet de *Nakago*.

Au lieu de *Kio*, nom de leurs livres de cantiques, on emploie le mot *Somé-gami*, qui signifie papier peint.

Le To, espèce de tour de leur temple, est appelé Araragi.

Le Déra ou temple est nommé Kawari-boutsi, c'est-à-dire toit couvert en tuiles. En effet les temples de Siaka et les prisons étoient autrefois couverts en tuiles, pendant que les temples de Sintos et tous les autres édifices étoient recouverts en planches.

Les mots Zo, Zukké ou Bonsan, qui signifient prêtre, sont remplacés par cette épithète ironique *Kami-naga*, homme à longue chevelure, attendu qu'ils n'ont point de

cheveux. Les Ama ou Bekouni, prêtresses, sont pareillement appelées Kami-naga Foki ; le déjeûner d'un prêtre
s'appele Kata-senajé.

Zin-mourou, les morts, sont nommés Nawarou, les
déplacés.

Au lieu du mot Nikou, viande, on se sert de Také,
lequel veut dire des champignons.

Au lieu de Janna-i, les malades, on dit Jassoumi,
ceux qui restent chez eux.

Nakou, *pleurer*, est rendu par cette périphrase, Zhuvo-
tarourou, *arroser* d'une humidité saline.

Tjé, le *sang*, est changé en Azée, la *sueur*.

Quand on veut dire qu'un Siaka a été frappé, *Outsou*
ou Takakou; on dit qu'il a été *Nasourou*, c'est-à-dire,
caressé.

Le mot Faka, *tombeau*, est enfin remplacé par celui
de Tsoutji-Kouré, monceau de terre, etc.

(e) Il y a trois sectes de la doctrine Sanron.

1°. La Tjuron.

2°. La Sjuni-monron.

3°. La Fiakron.

Ces trois doctrines diffèrent très-peu.

(f) Le baptême ou aspersion est nommé Quan-tjo.

Le grand-prêtre du temple, tenant un vase de cuivre,
répand un peu d'eau sur la tête du néophyte en pronon-
çant quelques paroles. Cette cérémonie se fait dans un
endroit obscur, où ne peuvent pénétrer les regards de
qui que ce soit.

(g) Sigok-Daysi assure, dans son livre Zorzets-kikjo,

que pour cette cérémonie on invoque tous les dieux. Toutes les fois qu'un initié reçoit l'ordre de la prêtrise, on lui verse sur la tête l'eau *Kan-ro* ou rosée douce, en priant le ciel de le préserver de San-go, c'est-à-dire de tout péché avant, pendant et après cette vie, afin qu'il puisse invoquer les dieux avec un cœur pur.

(*h*) Le prêtre Day-ko-tji mourut la neuvième année du nengo day-rek (774 de l'ère chrétienne), à l'époque de la naissance de Kobou. L'empereur Tay-zo (Tay-tjong) prit, à sa mort, le prêtre Kyqua-Asari pour précepteur.

(*i*) Rio-sen-si est composé de trois mots, *Rio*, qui signifie dragon, *Sen*, eau vive, *Si*, temple. *Rin* ou *Riosen* veut dire *dieu marin*.

(*k*) Soui-so-quan, est composé de trois mots, *Soui*, eau, *So*, penser, *Quan*, manière. Cette façon de prier consiste à s'asseoir par terre, les jambes croisées sous le corps, et les deux mains jointes à la hauteur de la poitrine. On a soin de détourner ses idées de tout autre objet que l'eau, et l'on croit par là s'élever au-dessus de l'humanité. Ce genre de prière abstraite a été apporté de l'Indoustan. Voyez à ce sujet la lettre du gouverneur général de Calcutta, M. Warren – Hasting, dans le Baghuat-géta.

(*l*) Le Gakf est une petite planche sur laquelle on trace des caractères. On en voit à la cour du Daïri une au-dessus de chaque porte d'entrée. Il y en a aussi devant les temples, et même quelques particuliers établissent des Gakfs au-dessus de leur porte.

On rapporte dans le Nipon-o-day-itje-ran que le cinquante-deuxième Daïri, Saga-ten-o, donna ordre, le quatrième mois de la neuvième année du nengo-ko-nin (818 de l'ère chrétienne), de renouveler tous les Gakfs de la cour. Il traça lui-même l'inscription du côté du nord.

Tatjebana-no-faja-nari écrivit celle de l'est. Les inscriptions du sud et de la porte Datsoutenmon-in furent tracées par Kobou.

FIN DES NOTES.

NOTE SUPPLÉMENTAIRE

SUR LES OUVRAGES

DE KONFOUTZÉE.

———

SUIVANT l'opinion des Japonais, l'original d'un des ouvrages les plus célèbres de ce philosophe, le Kokjo (Hiao-king) a été retrouvé en la septième année du nengo-kjo-fo (722 de l'ère chrétienne) dans la province Simotské et dans le temple *Asikaga*. Les ouvrages suivans ont été pareillement recouvrés :

1°. Le Rongo-gi-so (Lun-yu-y-sou), explication du livre Rongo, par Kouo-kan (Hoang-kouang);

2°. Le Sitsi-ké-mo-si-ko-boun (Tsy-king-meng-tsé-koa-ouen) ou sept ouvrages de Konfoutzée, avec les explications de Mo-si; savoir, Yek-jo, Zi-kjo, Zio-kjo, Ri-ki, Ziun-sio, Ziu-ry et Gi-ry;

3°. Le Zio-sio-ko-din, ou Zio-kjo (Chang-chou-kou-tchoen-yeou-chou-king).

Le mot Ko - din veut dire explication ; ainsi ce titre signifie : Explication du livre Zio -sjo par Senan - Foukou-sé Tsy-nan-fo-seng.)

Ces ouvrages furent réimprimés au Japon, et les Chinois en emportèrent un nombre considérable d'exemplaires.

Il m'a paru convenable de donner ici la traduction de la préface du livre Ko-bouen-ko-kjo, que j'ai offert au mois d'avril 1803 à la Bibliothèque royale de Paris.

« Les *Sin-o* ou premiers empereurs mirent au nombre des devoirs les plus importans le respect des enfans envers les auteurs de leurs jours, suivant les préceptes que Konfoutzée en a donnés dans son sixième ouvrage pour l'instruction de la postérité.

» La piété filiale y est représentée comme la première des vertus, puisque, dans aucun lieu du monde, les enfans ne sauroient être élevés sans l'appui de leurs parens.

» Deux commentaires différens existent de cet ouvrage. Le premier, nommé autrefois Kokanwo, se divise en dix-huit chapitres ; on l'appelle aujourd'hui Kin-boun. Le second a été découvert par le prince Roo-no-kowo ; il étoit écrit sur des feuilles de bambou, en

très-anciens caractères, dits *quato-no-mou*.
Ce manuscrit n'a dû sa conservation qu'au soin
qu'on a pris de l'enfouir dans le trou d'une
muraille, à l'époque du règne de Ziki-né
(Chy-hoang-ty), lorsque la plupart des livres
furent saisis par ordre de cet empereur, et
que les savans eux-mêmes furent brûlés avec
leurs ouvrages. Ce commentaire, divisé en
vingt-deux chapitres, se nomme Koboun. Un
descendant de Konfoutzée Koan-kok (King-
ngan-koué) a traduit ces anciens caractères
en une écriture moderne : c'est ce qui a formé
l'ouvrage intitulé *Koboun-kokjo*.

» Le Kin-boun, en dix-huit chapitres, est
rempli de fautes, tant dans la forme des lettres
que dans la contexture des phrases. Kokanwo
ayant le premier retrouvé un manuscrit du
Kokjo, les copies s'en répandirent dans toute
la Chine. L'empereur Kan (Han) ordonna
d'examiner laquelle des deux explications étoit
la véritable. On donna par préjugé la préférence au Kin-boun ; et bien que Koan-kok
eût donné la véritable explication du texte du
Kokjo, en vingt-deux chapitres, son commentaire fut rejeté.

» Kiba-kito donna aussi dans la suite, et
sous le règne de l'empereur Kan, une expli-

cation de ces dix-huit chapitres; Tykosée en fit usage pour son commentaire, la regardant comme exacte, et toute la Chine l'adopta. Il y avoit cependant encore quelques personnes qui s'en tenoient à l'autre explication en vingt-deux chapitres.

» Tono-myzo (Tang-ming-tsong) employa les deux versions pour le travail qu'il donna en 926; mais il inclina surtout pour la première, ce qui fut cause que, de son temps, l'autre fut tout-à-fait négligée.

» Au temps de Zoo (Song), un auteur nommé Kyfée proclama l'explication de Myzo comme la seule exacte; ce qui la fit adopter dans tout l'empire. On réprouva celle de Tykosée, et l'on ne tarda pas à rejeter également le Koboun. Il en résulta qu'à la fin cet ouvrage fut entièrement perdu, et qu'on ne put qu'avec peine en trouver des copies. Siba-onko fut le seul qui ne cessa de professer une estime singulière pour ce texte. Depuis le temps de Si-ty jusqu'à celui du philosophe Zi-ki, des doutes s'élevèrent sur l'authenticité du Koboun, et sur la question de savoir s'il n'étoit pas d'un autre auteur que Koankok.

» Zi-ki (Se-ky), ayant composé un livre de divination, en quatorze chapitres, raya plus de deux cents caractères véritablement opposés aux préceptes de Konfoutzée, qui veut qu'on ajoute foi aux anciennes annales. Tous ses disciples rejetèrent le Koboun, qui ne fut plus lu par la jeunesse, ni par les personnes d'un âge mûr.

» Ce dédain étoit vraiment fâcheux, puisque, de tout temps, et jusque sous les empereurs de la première race, la piété filiale a été considérée comme le premier et le plus important des commandemens de Konfoutzée.

» Nous recommandons, en conséquence, la lecture de cet excellent ouvrage. Zi-ki et ses sectateurs ont été malheureusement égarés par les conseils des vils prêtres de Siaka, qui n'approuvent point le Koboun. Nous faisons des vœux pour que ce livre reste en vénération, puisque de tout temps il fut hautement estimé dans cet empire, et que l'envie la plus basse ne peut y trouver de défauts.

» Rendons grâces à l'heureux hasard qui a fait conserver au Japon un livre entièrement oublié à la Chine (1).

_____

(1) Avant mon dernier départ du Japon, je fis venir de Méaco plusieurs ouvrages où se trouvoient des exemplaires du *Koboun-kokjo*. En traduisant la préface, ce qui me frappa le plus, ce fut l'omission d'un fait consigné

» Sous le règne de l'empereur Zoo (Song)
vécut un certain *O-Joosi*, lequel composa une
centaine de vers à la louange des sabres du
Japon. Le prêtre Fouenen passa à la Chine
au temps de l'empereur Zin-zo-ko-té (Tchin-
tsong-koang-ty), et lui présenta le livre Kin-
boun d'après Kokanwo. L'empereur en fit
don à Siba-onko, ou Kouni-fitz, qui en témoi-
gna la plus vive reconnoissance. Sept siècles
depuis cette époque se sont écoulés. A l'exception du Kin-boun, une multitude d'ouvrages
se perdirent à la Chine, et entr'autres, le Ko-

---

dans l'ouvrage japonais intitulé *Remarques sur la Chronologie*. On dit dans ce dernier écrit « qu'un ouvrage aussi
» sacré avoit été conservé au Japon dans sa pureté primi-
» tive, parce que, dès les temps les plus reculés, cet
» empire avoit été gouverné par la même race d'empe-
» reurs, tandis que la Chine avoit obéi à plusieurs dynas-
» ties successives, et que les princes modernes, rejetant
» l'explication véritable de Koankok, chérissoient en-
» core la fausse doctrine de Zi-ki. »
Ces remarques me furent suggérées en 1782 par le savant Ko-sak, admirateur passionné du *Koboun*. L'interprète Zinbi, à qui j'en fis part, me dit que le passage en
question existoit réellement dans l'édition de 1731, mais
qu'on l'avoit retranché dans les éditions postérieures, pour
ne pas offenser la cour de Pékin, et pour que ceux qui
transporteroient en Chine cet ouvrage, ne fussent pas
obligés d'en déchirer la préface.

boun, qui ne se retrouva qu'au Japon; chose extrêmement remarquable.

» Dazayziung a examiné scrupuleusement cet ouvrage : il a vérifié que son contenu s'accorde parfaitement avec ce qu'ont dit les anciens philosophes, de l'explication du Kokjo par Koankok. Les explications de l'empereur Myzo et de Kyfée y sont pareillement conformes. Seulement on y trouve un ou deux caractères obscurs, ce qu'on peut attribuer à l'incorrection du manuscrit ou à l'inattention de l'imprimeur. C'étoit cependant cette circonstance qui avoit engagé les savans à révoquer en doute l'authenticité du Koboun. Dazayziung assure positivement que cet écrit est bien réellement de Koankok. Ces légères obscurités ne sont point un motif plausible de rejet, puisque le contenu est en harmonie parfaite avec les citations qu'on en trouve dans les anciens auteurs.

» Par exemple, on lit cette maxime dans le Kokjo :

« Toutes les parties de notre corps nous venant de nos parens, il faut en avoir le plus grand soin; la piété filiale nous fait un devoir de notre propre conservation. »

» Les commentateurs avoient bien de la

peine à interpréter ce passage : Comment faire une règle de piété filiale de ce soin d'éviter pour nous-mêmes les accidens et les blessures ?

» Voici l'explication très - plausible qu'en donne Koankok :

« Il faut bien se garder de désobéir aux lois, » car l'infraction aux ordres des empereurs » est punie par la perte de quelque membre. »

» En effet, sous les empereurs Ka-in et Ziu, dans la période qu'on nomme *San-day*, on avoit coutume d'amputer aux criminels, suivant la gravité des délits, le nez, les oreilles, ou quelque membre. Parfois, on se contentoit d'arracher les cheveux, ou de faire un stigmate avec un fer pointu sur le corps du patient, et en recouvrant la plaie d'une substance noirâtre. Ces supplices avoient le nom de Sinday - fa - pon.

» D'après cette explication, on ne doit pas hésiter à reconnoître que le vrai sens n'ait été saisi par Koankok.

» Un autre commentateur, Ozzu ou Tjusin, a mieux développé l'explication de ce passage.

Il dit : « Les criminels sont punis par la » mutilation de quelque partie de leur corps, » et c'est toujours pour n'avoir point obéi

17

» aux sages leçons de leurs père et mère qu'ils
» ont encouru ce châtiment. »

» Les autres auteurs ne s'accordent nulle-
ment entr'eux dans leurs explications ; mais
les citations que font les anciens philosophes
du Commentaire du Kokjo par Koankok,
sont d'accord avec le contenu de ce passage.
Voici comment ils l'entendent à leur manière :

« Si l'on se blesse à la main, ou si l'on se
» met dans le cas d'être blessé par un autre,
» c'est une preuve de désobéissance. »

» Koankok dit : Si quelque malheur arrive
à votre père, à votre mère, à votre instituteur, ou s'ils courent le danger de tomber
entre les mains de l'ennemi, volez à leur secours ; risquez, s'il le faut, votre vie, pour
ne pas manquer à la piété filiale.

» On trouve à ce sujet dans les anciennes
annales un exemple frappant : Une femme ver-
tueuse étoit encore fort jeune lorsqu'elle devint
veuve. Sa famille voulut qu'elle se mariât de
nouveau ; mais elle s'en excusa sous divers pré-
textes. Comme on redoubloit d'instances, elle
déclara positivement qu'en prenant un second
époux, elle croiroit être infidèle à la mémoire
du premier. On continua de l'obséder ; elle
se coupa les cheveux ; les importunités de ses

père et mère n'ayant pas cessé pour cela, elle se coupa le nez.

» Les philosophes ont vu dans cette conduite de la jeune veuve un acte de désobéissance, et une infraction formelle à la piété filiale.

» Mais Koankok la justifie. Par cette action, dit-il, la jeune veuve conservoit pour son mari une fidélité inébranlable, et ses père et mère ne pouvoient en être que fort honorés. Tout le monde approuve l'explication de Koankok.

» Un auteur a dit : Le livre Ziokio est écrit en caractères trop anciens; il est difficile à lire, et d'un style suranné; mais on comprend très-bien le commentaire du Kokjo par Koankok. Le Ziokio a été composé à l'usage des savans et des personnes de la cour, qui toutes étoient fort instruites. Il ne contient que de simples préceptes ou axiomes. L'ouvrage Kokjo, avec le commentaire de Koankok, est, au contraire, d'une utilité universelle, et l'on y développe avec soin tout ce qui n'est dit qu'en abrégé dans le Ziokio. La piété filiale, dit le texte, est sans contredit la base de tous les devoirs sociaux; quiconque, depuis l'empereur jusqu'au dernier des sujets, méprise les leçons de ses parens, prouve qu'il n'est pas digne d'avoir reçu d'eux son existence.

» Lorsque la doctrine de Ziki se répandit de son vivant dans toute la Chine, le Kokjo y fut perdu, parce que ce philososphe étoit enthousiaste des dogmes de Siaka. Dazayzjung ne cessoit de regretter cette perte, lorsqu'on en trouva une copie dans le temple Asikaga. Ce fut aux yeux de ce sage un trésor précieux, puisqu'on ne pouvoit se former au Japon des idées claires de la piété filiale d'après la morale de Ziki. Chacun s'empressa d'en demander des copies, qui furent faites avec tant de précipitation qu'il s'y glissa beaucoup de fautes : par exemple, le caractère *poisson* y étoit remplacé par celui qui signifie *stupide*. Dazayzjung employa dix années à en préparer une édition correcte; pour cela, il dut en examiner mûrement et un à un tous les caractères.

» Sous le règne de Zin-zo-no-te (Siuen-tsong - Hoang - ty), un certain philosophe (l'an 843 de l'ère chrétienne) composa une explication du Kokjo très-différente, et qui fut rejetée. Le commentaire de Koankok est le seul pur et véritable; il étoit, au onzième degré, parent de Konfoutzée. Toutefois, on le répète, il y a dans son texte un ou deux caractères obscurs; mais ils se trouvent de même dans tous les autres, et on ne les a pas changés. Il faut espérer qu'un jour des personnes plus éclairées en trouveront la véritable interprétation.

» Le Kin-boun étoit, dans l'origine, dépourvu de toute ponctuation. Cette omission fut réparée sous le règne de l'empereur Tonony-zo (Tang-ning-tsong), par Lak-fok-my (l'an 1195). C'étoit un homme très-versé dans la connoissance des langues savantes.

» Le Koboun n'avoit également ni points, ni virgules ; Dazayzjung y suppléa par les signes japonais destinés à prévenir toutes méprises dans la lecture. Lorsqu'il en eut achevé une copie parfaitement exacte et sans la moindre faute, il la fit imprimer à petit nombre et pour ses seuls disciples. Un homme très-opulent, Atsado-Siko, regarda son pays comme intéressé à la publication d'un ouvrage aussi précieux, et il se chargea de tous les frais d'impression, afin de le mettre à la portée de tout le monde. Dazayzjung (1) avoit coutume de dire : Jamais je ne me suis acquitté digne-

---

(1) Ce philosophe étoit né dans la province de Sinano ; on le surnommoit *Jajemon ;* mais son véritable nom, et celui qu'il prenoit dans ses ouvrages, étoit celui de Dazayzjung.

ment de mon amour envers mes père et mère ;
je veux, à l'avenir, être un fidèle disciple de
de Koankok.

» Nipon, le onzième mois de la seizième
année du nengo-kjo-fo (1731). »

FIN.

TABLE.

FIN DE LA TABLE.

CPSIA information can be obtained at www.ICGtesting.com
Printed in the USA
LVOW01s1609280914

406254LV00018B/763/P

9 781293 090237